The
Memory Chalet

山屋憶往
一個歷史學家的臨終自述

東尼·賈德
TONY JUDT 區立遠◎譯

獻給珍妮佛、丹尼爾和尼可拉斯

第一部 Part One

目　錄
Contents

目　錄
Contents

序
Preface

這本小書裡的文章從來不是為了發表而寫的。我一開始寫，只是為了自己的需要——也因為提摩西．艾許的鼓勵：我的思考越來越援引自己的內心世界，他覺得我應該好好利用這一點。我想我最早開始寫的時候，一點都不知道會寫出什麼來，為此我很感激提摩西，因為他對我初期胡亂的塗鴉也表達了信任與支持。

在這些小品文寫到一半的時候，我把其中一兩篇拿給我在威利版權代理公司的經紀人，以及《紐約書評》的羅伯特．希爾維斯過目，他們的熱烈反應讓我感到振奮。然而，這給我造成一個倫理問題。因為我寫的時候並沒有想過要立刻發表，所以這些短文從未得到一位「內部編輯」的協助，或者更準確地說，從沒有私下審查過。當文中提到我的父母、我的童年、我的前妻們以及現在的同事時，我是有話就說。這讓文章具有直率的優點；我希望不至於構成冒犯。

這些文字都是在我共事多年的同事尤金・盧辛的協助下寫成的；之後我也沒有對原稿做過任何更改或重新措辭。再一次讀過之後，我發現自己對那些我所愛的人直言不諱，有時候甚至語帶批評；但是另一方面，對那些我談不上懷有溫情與敬意的人，絕大多數我都審慎地保持了沉默。無疑也應該如此。我十分希望我的雙親、我的妻子、特別是我的孩子們在閱讀這些文字時，能歡喜地找到更多我愛他們始終不渝的證據。

1

記憶的小木屋
The Memory Chalet

對我來說，「小木屋」[1]這個字所喚起的，是一幅非常鮮明的景象。那是一家小旅館，位在瑞士法語區的謝希耶荷村，比起山上繁華的維拉爾滑雪區，山腳下的謝希耶荷顯得古舊過時。我們應該是在一九五七或五八年的冬季在那兒過了一次寒假。那次滑雪經驗——以我來說，是滑雪橇經驗——不太可能令人印象深刻：我只記得爸媽跟叔叔在深雪中步履艱難地越過冰封的步行橋，向上走到吊椅站，在滑雪場裡消磨整個白天；但是他們拒絕了滑雪後的娛樂活動，寧可在旅館的小木屋裡度

1 Chalet，一種瑞士阿爾卑斯山區特有的傳統木建築。（編按：若未特別標明，隨頁註皆為譯註或編註。）

過寧靜的夜晚。

對我來說，這總是冬季假期最棒的時光：下午過了一半，反覆再三的雪地娛樂已經拋在腦後；旅館開闊的大廳，厚重的扶手椅，溫暖的葡萄酒，份量實在的鄉村餐點，一個個悠長的夜晚就在陌生人之間舒緩地展開。但那是多麼有趣的陌生人啊！謝希耶荷這個小旅館的奇妙之處，就在吸引了一批混得不太好的英國演員來這裡度假，那些比他們成功的同行就住在更高的維拉爾村，從山上投射而下的陰影既遙遠又冷淡。

我們在那兒的第二個晚上，餐室裡有人機關槍似地暴出一陣黃腔，讓我的母親跳了起來。我母親對低下的語言並非不熟悉；她可是在鄰近倫敦西印度碼頭的社區長大的。但是美髮沙龍的學徒生涯讓她脫離了原本的階級，進入一個注重禮節的環境，因此她很不願意讓家人聽到這種污穢的語言。

賈德太太於是走到引人反感的那一桌客人，要求他們不要再講了：這裡有小孩！我妹妹還不滿十八個月，我又是旅館裡除她之外的唯一小孩，所以母親提出這項要求，要保護的大約就是我了。這些口出不雅的年輕演員立刻道歉了，還邀請我們跟他們一起享用點心（如我後來所猜測的，他們都正失業）。

他們是非常神奇的一群人，特別是看在一個什麼都看（也什麼都聽）、當下就坐在他們身邊的十歲男孩眼裡。這時候他們全都沒沒無聞，不過有幾位後來闖出了光彩的生涯：像是艾蘭．巴德爾，這時還不是重要的莎劇演員，名下也還沒有一長串可敬的電影作品（例如《豺狼之日》）；更不用說活力無窮的瑞雪兒．羅伯茲，不久就在英國最偉大的戰後電影，如《年少莫輕狂》、《如此運動生涯》、《幸運的人》當中，以飾演覺醒的勞動階級主婦而成了偶像。羅伯茲對我非常照顧；她喝了威士忌後會用充滿磁性的嗓音不斷低聲說著不堪入耳的粗話，讓我對她的未來不敢存有太多幻想，也讓我對自己的未來感到有些困惑。在那次假期裡，她教我撲克牌、各種牌戲，以及更多讓我來不及忘記的粗話。

也許就為了這個緣故，這一間在謝希耶荷大街上的瑞士小旅館，在我的記憶裡，擁有一個更為溫暖、也更深刻的位置。即使在後來的年月裡，我也住過其他無疑完全相同的木建築，但是都無法跟這間小木屋相比擬。我們在那兒停留了十天左右，後來也只短暫地回去過一次。但是直到今天，我都還能描述那間旅館溫馨的風格。

裡面少有談得上浮誇與享樂的地方。一進去，就踏上一個夾層地板；夾層下方是不大的地下室，上面則是主要的營業空間。這個設計是為了讓容易滴水的戶外裝備（滑雪板、雪靴、滑雪杖、雪地外套、雪橇等等）留在下面，讓公共客廳保持舒適與乾爽。客廳在接待櫃台的兩側各有風景迷人的大窗，看出去分別是小村主要的街景與周遭陡峭的峽谷。櫃台後方是廚房與其他服務空間，但是被一道樓梯遮住視線。這寬大的樓梯特別陡斜，走上去通往客房的樓層。

樓上工整地（也許也是有意地）分成兩區，左邊是陳設較好的睡房，另一邊是整排較小、沒有衛浴的單人房，走到底是通往閣樓的窄小階梯；閣樓只供服務人員使用（除了旺季的尖峰時間以外）。雖然沒有確認過，但是我想，在三個公共區域以及其他共用空間之外，他們最多只有十二個房間可供出租。這是一間以財力有限的小家庭為客群的小旅館，座落在樸素的小村子裡，沒有超越其所在地理位置的雄心。瑞士一定有成千上萬這樣的小旅店；我只是碰巧對其中一間留下了幾近完美的視覺記憶。

在後來的五十年裡，雖然偶爾會愉快地想起那裡的美好回憶，我可能從來沒有認真再想過謝希耶荷小山屋的事。然而當我二〇〇八年被診斷出罹患「漸凍人症」[2]，也很快了解到自己很可能再也無法旅行了——事實上，如果還能寫文章談談我的旅行，都算得上非常幸運了——這時候，不斷出現在我腦海裡的，卻是謝希耶荷這間旅店。為什麼呢？

這種獨特的神經元退化疾病有一個顯著的特徵：它讓你保留清晰的腦袋來思索過去、現在與未來，但是持續地剝奪你把這些思索轉換成文字的能力。首先你再也不能靠自己的力量寫字，而是需要一位助手或一台機器來記錄你的想法。然後你再也無法走路，無法再獲得新的經驗，除非動用高度複雜的支援系統——然而這樣的移動如此麻煩，以至於你的注意力只及於移動這件事實本身，而不是注意移動所能帶來的那些好處。

接下來你開始喪失聲音。不只是象徵性地必須透過各式各樣的機械或人類中介說話，而是實實在在地沒有聲音了：橫膈膜再也沒有足夠的肌力讓足夠的空氣通過

2 漸凍人症，正式名稱為「肌萎縮性脊髓側索硬化症」（amyotrophic lateral sclerosis, ALS）。

你的聲帶以提供各式各樣必要的壓力，來製造出有意義的聲音。到這個階段，你幾乎一定已經四肢癱瘓，不得不長時間無聲地躺著，不管旁邊有沒有別人。

對一個希望能繼續進行文字與概念溝通的人來說，這是一個非比尋常的挑戰。黃色便條紙已經派不上用場，鉛筆也再無用武之地。到公園散步好恢復精神，或者上健身房鍛鍊，讓念頭與思路像透過天擇一樣理出頭緒：這些事現在已不可想像。與親近的朋友進行有創造性的意見交換，同樣再也不可行。就算漸凍人症的退化過程才到一半，病人吐字的速度已遠遠跟不上他的思維，所以與人談話這件事變得破碎、令人挫折，最後變得談比不談還糟糕。

我想，我之所以能找到辦法來回應這個困境，完全是出於偶然。在發病後幾個月的一天裡，我注意到，整個晚上我都在腦裡一個接著一個地寫著完整的故事。很可能我本來是想睡著的，只是不靠數羊，而是用複雜的敘事來達成類似的效果。但是在這些小練習的過程中，我發現自己其實是把過去所經歷的、一直以為彼此無關的片段，像堆積木一樣重新加以組合。這本身並不是什麼大成就。隨著意識的流竄，我會從一台蒸氣機想到我的德文課，也會從倫敦精心設置的鄉下公車路線圖想到兩次大戰之間城鄉計劃的歷史——在腦海裡犁出這些路線都不難，還能由此通往各種有趣的方向。但是天亮以後，我該如何重新捕捉這些車轍猶新的軌跡呢？

是在這一點上，懷舊的回憶開始扮演了更實用的角色，特別是追憶在舒適的中歐小村裡度過的那些快樂時光。我一直很著迷近現代早期的思想家與旅行者用各種記憶術來貯存、召喚細節與敘述。文藝復興史家法蘭西絲·葉慈曾對這些記憶術進行有趣的探討[3]；更近一點的例子是史景遷的《利瑪竇的記憶宮殿》，講的是一名義大利旅人前往古代中國的紀錄。

這類想成為記憶大師的人，並不只是蓋小旅館或一般住所來貯藏知識：他們建造的是**真正的宮殿**。然而，我並不想在我的腦袋裡建造宮殿。真實的宮殿總讓我感到有點任性：從沃爾西的漢普頓宮[4]到路易十四的凡爾賽宮，這類豪奢的建築總是

3 *The Art of Memory*, London, 1966.

4 沃爾西（Thomas Wolsey, 1471-1530），羅馬教會樞機主教，英王亨利八世寵臣，曾任大法官與國王首席顧問，漢普頓宮就是國王蓋給他的宅邸。但在協調使教會批准亨利八世與亞拉岡的凱瑟琳婚姻無效未果之後失勢，漢普頓宮也遭國王收回。

想要造成震懾的效果，而不是為了有用。我無法在寂靜無言的夜裡想像這樣的記憶宮殿，就像我不會訂做一套美國國旗圖樣的馬褲跟背心來穿一樣。不過，不要記憶宮殿的話，何妨蓋一間記憶小屋呢（memory chalet）？

小木屋有很多好處。我不只能逼真地設想其中的許多細節，包括門前台階旁積雪的扶手，還有把瓦萊州的寒風擋在外面的室內窗戶等等；而且那還是個我會想一再造訪的地方。一座記憶宮殿要能作為記憶倉庫，要容納無限重新組織與重新分類的回憶，就必須是一座特別有吸引力的建築物，即使這種吸引力對其他人並不成立。許多天、許多星期、許多個月、以至於到現在一年多了，每一個夜裡，我都會回到那間小木屋。我踏上磨損的石頭台階，走過熟悉的短短門廊，在兩張或三張扶手椅中挑一張坐下——全無其他人佔用。從那裡，我的願望開始產出一些念頭，幾乎從不閃失；我就從中召喚、整理、安排出一個故事、一個論證或一個例證，作為我第二天想寫的某篇文章的素材。

之後呢？小木屋就在這裡從一個記憶的啟動器轉換成儲存裝置。一旦知道大概想說什麼，以及說這件事最好的順序之後，我就離開扶手椅，回到小木屋的門口。

從這裡我再重走一次，通常從第一個儲藏空間開始，比如說放滑雪板的櫃子，然後走向一個接著一個的空間：吧台、餐室、客廳、固定在咕咕鐘下方的老式木製鑰匙架、沿著屋內樓梯零星散佈的藏書，再從樓梯口走向其中任何一個臥室。每一個位置都代表一段敘事的進展階段；或者作為說明時的例子也行。

這套系統一點也不完美。重疊的問題不斷出現；每次開始一個新的故事，我都必須先確認已經建立一個顯著不同的路線圖，以免跟剛用過的類似路線搞混。所以，儘管乍看之下很便利，但是若把所有關於營養的事情放在第一個房間、誘惑與性放在第二間、知識的意見交換在第三間，然後把這三間連在一起，並不是明智的做法。最好還是靠微觀地理（比如這個抽屜的順序排在那面牆上的那個櫃子之後），而不要信賴一般習慣的思想邏輯。

我很驚訝地發現，許多人以為，用空間排列的方式保存思想以便幾小時後取出使用，是件困難的事。而我漸漸把這當成一種最簡易的工具（我不否認這跟身體的不自由所造成的不尋常限制有關）——有時候甚至太過機械化，讓我把種種例子、序列與矛盾排出過於整齊的順序，而印象與記憶原本的（也遠遠更能引發聯想的）

混亂狀態則受到欺騙性的重組。

我在想，這跟身為男性是不是有關？一般來說，男性在停車與記憶空間配置的能力優於女性；而女性對人與印象的記憶力比男性來得強。小時候，我會在派對上表演一種娛樂節目：隨便拿一張陌生城市的地圖，只要讓我在很短時間裡研究一下，就能憑記憶指導一輛汽車穿過這座城市。相反地，我向來缺乏當一名雄心勃勃的政治人物必須具備的首要條件：能在晚宴上穿梭全場，並記得所有在場人士家裡的狀況與政治偏好，然後在告別時不帶姓叫出每一個人的名字。應該也有別的記憶術能辦到這件事，但我還不曾碰到過。

從發病算起[5]，到寫下這句話的此刻（二〇一〇年五月），我完成了一本談政治的小書[6]，做過一次公開演說，發表二十多篇省思自我人生的小品文[7]，錄製了很多針對二十世紀進行全面研究的訪談。所有這些工作，幾乎都是經過我深夜走訪記憶小屋，然後努力捕捉在這些造訪當中的秩序與細節，才得以完成的。有些文章觀看內心，從一間房屋或一輛公車或一個人談起；另有一些文章視線朝外，包括橫跨數十年的政治觀察與參與，以及大量的旅行、教學和評論。

然而不可否認，也有一些夜晚，我十分舒適地坐在瑞雪兒．羅伯茲的對面，或者只是坐在一個空位，而各色人們與地點飄了進來，隨即又飄了出去。遇到這種成果不佳的狀況，我就不會留在那裡太久。我會回到老式的木頭門前，走下台階，再走上伯恩高地的山坡——就像小孩子一樣隨自己的想像扭曲地理空間[8]——然後有點生氣地在一張長板凳上坐下來。在這裡，那個懷著內疚為瑞雪兒．羅伯茲感到心醉神迷的小男孩，變成了小天使小蓮不愛與人交際的爺爺[9]，在難以入睡的睡眠與瞌睡連連的清醒中度過許多小時，一直到我懊惱地注意到，經過一整夜的努力，我完全沒有創造、儲存與回憶起任何東西來。

5　作者於二〇〇八年確診罹病，二〇〇九年十月起頸部以下癱瘓。

6　《厄運之地》（*Ill Fares the Land*）於二〇一〇年三月十八日出版。

7　這些文章最後集結為本書。

8　謝希耶荷小旅館在瑞士西南的法語區；伯恩高地在瑞士中部，屬德語區。賈德幼時家族前往瑞士旅行，多半是去伯恩高地，見第二十五章。

9　《小天使》是根據瑞士小說《海蒂》（*Heidi*）改編而成的日本卡通，在台灣電視播放時，我們把「海蒂」改為「王小蓮」。

生產力不足的夜晚讓我感到的挫折，幾乎像肉體的疼痛一樣。誠然，我可以對自己說，別傻了，你還能維持正常的精神狀態，就已經夠值得驕傲的了。誰規定你除此之外還要發表作品？然而，對命運太過輕易地投降，會讓我感到某種罪惡。在這種處境裡，誰能做得更好？答案當然是，一個「更好的我」；而且令人驚訝的是：明知走到這個地步多麼困難，我們依然經常要求自己要比此刻做得更好。

這是良心對我們的戲弄，但我並不怨恨。只是這讓夜晚籠罩在幽暗的風險之下，輕忽不得。那位老爺爺並不快樂：佈滿皺紋的額頭下是一雙怒目，瞪著所有來去的人們，只有當他偶而找回記憶，並把副產品裝進壁櫥、抽屜、書櫃與走廊的時候，他的憂鬱才會被驅散。

請注意，那位老爺爺，我那個永遠心存不滿的另一個自我，並不是毫無目的地坐在小木屋的門前。他是坐在那裡抽著一支吉堂牌香菸，手裡輕輕搖著一杯威士忌，翻讀一份報紙，在灑滿雪花的街道上閒散地踱步，吹著懷舊旋律的口哨——大致上表現地像一個自由的人。在一些夜晚裡，他能辦到的就只有這樣。這是痛苦地提醒自己的損失？或者不過是一支記憶中的香菸所帶來的安慰？

但是在其他夜晚裡，我直接從他身邊走過：一切都順利進行。面孔回來了，例證很合用，褪色的黑白照片恢復了鮮明的色彩，「一切都連結起來了」，幾分鐘之內我就找到了故事，角色，說明，以及振作的精神。那位老爺爺，以及他讓我想起我喪失了一切的憂鬱回憶，現在都微不足道：過去的事情現在圍繞著我，而我所需要的也已經拿在手上。

❖ ❖ ❖

但那是什麼過去呢？當我在昏暗的夜裡，被緊緊地包起來躺著的時候，那些在我腦裡成形的小小往事，完全不像我曾經寫過的任何東西。即使我的專業對客觀性有極高的要求，但是我向來都是個「論理」的人。在關於「歷史」的一切通俗想像裡，最對我胃口的，是這樣一個主張：我們不過是用歷史的例子進行教學的哲學家。我至今仍然相信這一點，不過我發現自己正沿著一條顯然是間接的路徑來實踐它。

早些年時，我可能會想像自己是一個文學的「吉普托」[10]，用論題與例證打造一個接著一個的小木偶，用邏輯結構的可信度賦予他們生命，又藉由個別零件必然的誠實來述說真相。不過我最近的寫作，歸納的性質要大上許多。這些文章的價值，主要是在於一種彷彿印象派的效果：我在敘述中把私人的與公共的、推理的與直覺的、回憶起的與感受到的，都成功地交織在一起了。

我不知道這屬於哪一種文類。當然，結果產生出來的這些木頭小男孩們，跟他們那些通過推論建構的、事先嚴密設計的前輩們比較起來，關節自然要鬆散得多，但也彷彿更像完整的人。論戰意味比較強的幾篇——要說「嚴厲」也無不可——就我看來，是無意中呼應了久已被人遺忘的、卡爾．克勞斯[11]那個時代的維也納小品文：充滿影射、暗示、份量相對於內容的迫切性來說幾乎過輕。但是另外一些表達更多情感的、追憶「食物」或「普特尼」[12]的文章，則有相反的用意。由於避開了高度的抽象概念（我們在那些「尋找身分認同」的敘事者的散文裡看過太多），這些文章也許正好能夠發掘出被掩蓋的認同輪廓，即使本來並沒有明白宣稱要這麼做。

在把這些小品文從頭讀過一次之後，我想，我被裡面那個我從來沒能變成的自己給深深打動了。幾十年前我還在中學時，一位明智的老師建議我研究文學；他覺得，歷史太過於符合我本性的紋理，會讓我去做最容易的事。但是文學，特別是詩，會強迫我在自己的內心裡尋找不熟悉的言詞與風格，或許能讓我從中產生某種親近感。我很難說自己後悔沒有接受這個建議；畢竟我保守的智識習慣給我帶來很大的助益。然而我確實相信，也有某種東西失落了。

於是我明白過來，當我還是小孩子的時候，我所觀察的遠比我當時理解的還多。或許每一個小孩都是這樣。那樣的話，那麼我的情況之所以跟他們不同，是因為這個災難性的疾病給我一個機會，讓我能用前後一貫的方式把那些觀察找回來。然而我也感到疑惑。當有人問我：「可是你是怎麼記住綠線公車的氣味？」或者「那些你念念不忘的法國鄉下旅館，到底具體長得什麼樣？」這些問題暗示了，或許當時我的心裡已經在建造某種記憶小屋。

10 吉普托，《木偶奇遇記》中小木偶皮諾丘（Pinocchio）的創造者。

11 卡爾·克勞斯（Karl Kraus, 1874-1936），維也納作家、報人、詩人與劇作家，以諷刺文章與短句聞名，批評對象包括媒體、德意志文化與德奧兩國政治。克勞斯是放棄信仰的猶太人。

12 普特尼，倫敦西南的一個行政區，賈德孩童時期居住的地方。見第六章。

但這完全不是事實。我只是度過了那個幼稚的童年，或許比大多數孩童更習慣於把所見所聞彼此連結起來，但是當然不會用想像的方式把這些內容在記憶裡重新排列，以備未來之用。誠然，我是一個孤獨的孩子，想到什麼都只放在心裡。但是這一點並不讓我顯得特別。如果在過去幾個月裡那些記憶這樣輕易地回來了，我想是為了另外的原因。

我的專業帶來的好處是：我有能力說出一個故事，並在其中融入例證、細節和說明。身為研究戰後時期的歷史學家，當我無聲地自我審問，回憶親身經歷的生活點滴時，我的敘事具有一種優勢，不但能把本來散落四處的記憶結合起來，還能使它們更加豐富多彩。直白地說，也有許多人對往事擁有可觀的記憶（我最近就收到不少這樣的讀者來信），但是我跟他們不同的地方，在於我對這些記憶有各式各樣運用的空間。僅僅為了這一點，我就覺得自己是個幸運的人。

若一個人本來身體健康，家人也還很年輕[13]，六十歲的時候被無法治療的退化性疾病擊倒，而且很快就得因此死去——如果我說自己好命，也許會被認為非常不得體。但是幸運並非只有一種。受到運動神經元疾病的折磨，一定是因為曾在某個時候冒犯了神明；對此沒有什麼話好說。但是如果一個人不得不受這種苦難，那麼最好擁有一個內容豐富的腦袋：裡面裝滿可循環的、多用途的、狀況良好的回憶素材，供他有分析傾向的心靈隨意選用。現在只缺少一處可以用來收納整理的地方。結果我很幸運地在自己畢生的記憶搜尋中也找到了這個地方，這讓我覺得自己很好命。我希望我有充分地用到這個寶物。

東尼・賈德
紐約
二〇一〇年五月

13 賈德的兩個兒子此時分別是十六歲與十四歲。

2 夜晚 Night

我罹患一種運動神經元疾病，具體說來是「肌萎縮性脊髓側索硬化症」，俗稱「盧·賈里格症」[1]。其實運動神經元疾病一點也不罕見：帕金森氏病、多發性硬化症，以及各式各樣較少聽到的疾病都屬於這一類。但是漸凍人症特別的地方（在這類神經肌肉疾病中最不常見的）是：首先，你的感官能力不會損失（不幸中的幸運）；第二，這個病不會帶來疼痛。跟絕大部分其他嚴重或致命的疾病不同，漸凍人症患者的痛苦尚堪忍受，可以從容靜觀自己無可避免的衰亡。

1 這是美國通行的稱呼；以罹患此病的棒球明星盧·賈里格（Lou Gehrig, 1903-1941）為名。台灣通稱「漸凍人症」。以下統一使用「漸凍人症」。

實際上，漸凍人症是不斷惡化的囚禁狀態，而且沒有假釋機制。一開始你無法使用一根或兩根手指；然後是一隻手或一條腿動不了；然後雙手雙腳也無可避免地要完全停擺。軀幹上的肌肉退化成接近麻痺狀態；這對進食消化構成實際的問題，同時也危及生命，因為呼吸先是變得困難，然後逐漸必須仰賴外來的協助，也就是必須接上管子跟呼吸幫浦。病情比較極端的人，由於上位運動神經元也失去功能（其他頸部以下的身體是由所謂的下位運動神經元所驅動），以致吞嚥、說話、甚至對下顎與頭部的控制能力都會喪失。我的病情並不包括（或者還沒發展到）這個部分，不然的話，我就無法口述這篇文章了。

在目前的退化階段，我實際上形同四肢癱瘓。我得盡我最大的努力，右手才可以移動一點點，左手則可以往胸口收個六吋。至於兩條腿，雖然可以直直地固定一段時間，好讓護士把我從一張椅子搬到另一張椅子，但是它們無法支撐我的身體，而且其中一條腿已經沒有自主運動的反應。所以，當別人把我的手跟腳放在一個位置之後，要等到下一個人過來幫我，我的手腳才能再改變位置。我的軀體也是如此，長久的靜躺與壓迫所造成的背痛，讓我長時間感到不舒服。因為不能使用手臂，也就不能自己抓癢，無法調整眼鏡，不能清理塞住的牙縫，或任何其他一般人每天都會重複做許多次的事情（只要停下來想一下就能確認）。這麼說一點也不誇張，我完完全全仰賴陌生人（以及任何其他人）的慈悲過活。

白天裡，我至少可以要求別人幫我抓個癢，調整眼鏡，拿一杯水，或者只是隨意地請旁人幫我的手腳換個位置，因為一個人如果被迫長時間無法動彈，最後不只是身體感到不適，心理也幾乎要崩潰。這不像是失去了伸展、彎曲、站立、躺下、跑步甚至做運動的欲望；而是當你突然有這種想望時，你卻什麼也不能做，除了一點微小的替代動作，要不然就是想個辦法把那個念頭跟所伴隨的肌肉記憶給壓抑下來。

夜晚就困難得多。只要不至於影響護士的睡眠需求，我會儘量延後上床的時間。一旦準備好要上床，我的輪椅會被推到臥房裡（我在那張輪椅裡度過了上床之前的十八小時）。雖然身高、體重與體型已經有點下滑，我仍然是個頗為可觀的重物，即使一個強壯的男生都不容易搬起。費了一番力氣之後，我被移動到病床上。我的上半身以大約一百一十度的角度坐起，旁邊用折好的毛巾與枕頭把身體固定住，因為左腿常常向內倒下，所以要特別向外折出，像跳芭蕾舞那樣。這整個過程需要高度的專注。如果我容許一隻手或一條腿被放錯位置，或者沒能堅持他們把我的腹部跟頭與雙腿對齊，那麼在接下來的夜裡，我就會嘗到有如在地獄裡受罰的痛苦。

然後他們為我蓋上被子。我的雙手被放在被子外面，好給我一種可以移動的假象，儘管如此，他們還是把我的手包起來，因為我的雙手會一直覺得冷，就跟身體的其他地方一樣。他們最後一次幫我抓癢，從髮線到腳趾等十幾個癢處都抓過一次；我鼻子上的雙正壓呼吸器被調整到不舒適但卻必要的最緊程度，以確保不會半夜從口鼻上掉下來。我的眼鏡也被拿走。然後就剩我躺在那裡：被緊緊地捆綁，視野模糊，一動也不動，像一個現代的木乃伊，孤獨地待在肉體的監獄裡，只有腦中的念頭陪伴我度過整個夜晚。

當然，如果我需要的話，還是可以取得協助。既然我除了脖子與頭之外沒有一條肌肉可以動彈，所以床旁邊擺了一部嬰兒對講機作為通訊之用，只要叫一聲，就會有人來幫忙。在生病初期，那種叫人來協助的誘惑幾乎是無法抵抗的：每一條肌肉都想動一下，每一吋皮膚都發癢，膀胱神祕地在夜間又再度脹滿，因此需要紓解，而且我基本上非常需要亮光、陪伴以及與人交談的簡單慰藉。然而現在，我已經學會在大多數的夜裡忘記這一切，在自己的思緒裡尋找撫慰與救助。

不是我自誇，這並非輕易可以辦到的成就。你可以問問自己，整個晚上你會移動幾次。我指的不是完全變換位置（比如說去上廁所，雖然要算進來也可以）：而僅僅是你會動幾次你的手、你的腳；睡著之前會在身體各個部位抓多少次癢；是否會無意識地輕微改變姿勢以便找到最舒服的位置。想想看，假設你現在這些都不准做，而是被迫平躺在床上（絕非最好的、卻是我唯一能忍受的睡眠姿勢），一連七個小時不能有絲毫動彈，而且不得不想盡辦法來忍耐這個巨大的磨難，以便度過不只一個、而是直到你生命終結的每一個夜晚。

我的解決方案，是在腦裡不斷翻閱我的人生、思考、幻想、記憶、誤憶等等，直到我碰到一些足以讓我專注的事件、人物或敘事，以便讓我的心思脫離那囚禁我的身體。這種心智活動一方面必須足夠有趣，以便留住我的注意力，讓我可以忍受耳朵裡或下背部的奇癢無比。但是另一方面也必須足夠無聊並可以預期，以便可靠地引導並鼓勵我入睡。我花了相當時間才確認這是一個可以轉移失眠與身體不適的替代方案，而且這個辦法也絕非萬無一失。有時當我尋思這整件事，也會驚訝於自己竟能夠這樣一夜又一夜、一週又一週、一月又一月，輕鬆度過這曾經難以忍受的深夜煎熬。我醒來時，正處於與入睡時完全相同的姿勢、心境和那種懸而未決的絕望狀態；在這樣的處境裡，這或許算得上一種可觀的成就。

即使在每一個夜裡我都可以駕馭這種狀況，但是這種像蟑螂一樣的存在，總體來說是不可忍受的。我說「蟑螂」，當然是影射卡夫卡的《變形記》；在這篇小說裡，主人翁有一天早上醒來，發現自己變成了一隻昆蟲。這個故事的重點一方面是家人對此事的反應與無法理解，另一方面是主人翁的感受，他很難不這麼想：即便是最善意、最體貼細心的朋友或親戚，也絕不可能了解這種疾病給罹患者帶來的是何種孤立與囚禁之感。即便是在小小的危機裡，無助狀態也會損害一個人的尊嚴。你可以想像或回憶當你摔倒，或者因為其他緣故而需要陌生人伸出援手時，是什麼樣的感覺。請再想像一下，當你得知漸凍人症給你帶來的這種特別損害尊嚴的無助狀態，是一種無期徒刑，心裡又會有什麼反應（在這一點上我們常輕率地說漸凍人症是死刑，但實際上死刑反而是一種解脫）。

早晨給我帶來一點喘息。一想到馬上要被搬到輪椅上度過新的一天，就讓我的精神感到振奮，雖然這間接說明了，孤獨度過整個夜晚是怎樣的一種歷程。有事情可做——就我的情況而言，純粹只是動腦跟說話——是一種有益的轉移，即便那只不過是給我一個與外界溝通的機會（這個「與外界溝通」幾乎就是字面的意義了），並讓我用言詞（而且常常是憤怒的言詞）把我對於身體衰敗的惱怒與挫折感，在壓抑與累積之後，給表達出來。

要掙扎度過夜晚，最好的辦法應該是：把這段時間當成白天來過。如果有人沒其他更好的事情可做，願意整夜與我聊一些足夠有趣的事情，讓我們都保持清醒，那我真的會去把這些人找出來。但是處在這種疾病裡，我們也會一直注意到，其他人仍然需要維持**正常的生活**：他們也要運動、娛樂以及睡眠。所以，我的夜晚表面上跟其他人沒有什麼不同。我準備上床，入睡，起床（或者說被搬起床）。但是表面之下的那一點不同，就像這個疾病本身一樣，是無法溝通傳達的。

我想，我至少應該感到些許滿足，因為我知道，我已經在自己身上找到那種求生機制——一般人大多只會從遭逢自然災難或單獨囚禁的經歷讀到這種東西。而且確實，這種疾病在某方面也強化一個人的能力：由於我無法做筆記或準備材料，以至於我原本就已經相當不錯的記憶力，透過從「記憶宮殿」（史景遷對此做了有趣的描述）學來的技術，又有了可觀的進步。思維敏捷會帶來快樂；但是這種快樂（以我現在看來）被那些並不完全倚賴這種樂趣而活的人過分誇大了。那些善意的鼓勵也存在同樣的問題：精神的補償實際上無法彌補身體的缺損。那是沒有用的。損失就是損失，用更好的名字來稱呼，你也找不回來。我的夜晚趣味橫生；但是我寧願不用這樣。

第一部
Part One

3 刻苦 Austerity

我太太叫外賣時，鄭重要求中國餐廳要用紙盒。我的孩子對氣候變遷的了解之深令人沮喪。我們家如此環保：按照他們的標準，我是個還停留在舊時代對生態問題一無所知的老古董。可是，是誰總是在家裡到處走，把忘掉的電燈關上、查看水龍頭是否漏水？是誰總是在隨時換新的時代裡寧願把壞掉的東西修了再修？是誰總是在處理剩菜剩飯，而且把用過的包裝紙仔細保留起來？我的兩個兒子用手肘輕碰他們的朋友，說：我老爹是在貧窮裡長大的。我糾正他們，才不是，我是在刻苦（austerity）中長大的。

大戰結束後，一切物資都短缺。邱吉爾為了擊敗希特勒，把英國給抵押了，也把國庫弄破產了。布料直到一九四九年、廉價簡陋的「實用型傢俱」直到一九五二年、食物直到一九五四年，都是配給管制。一九五三年六月，為了慶祝女王伊莉莎白的加冕典禮，配給的規定暫停了一段很短的時間：每個人可以多買一磅砂糖跟四盎司的人造奶油。但是當局所表現的這種可有可無的慷慨，只不過讓日常生活的管制更為令人沮喪。

對一個小孩來說，配給是自然秩序的一部分。實際上，在這種措施停止之後很久，我的母親還一直要我相信，糖果仍然受到管制。當我抗議說，學校的同學看起來要多少糖果就有多少，她就反駁並解釋道，他們的父母一定是在黑市買的。我之所以比較相信她的說法，是因為戰爭遺留的痕跡一直都在眼前。倫敦滿佈被轟炸過的廢墟：戰前是房屋、街道、鐵路調車場或倉庫，現在則是用繩子圍起來的泥地，中間通常有個凹陷，也就是炸彈落下的地方。到一九五〇年代初期，未爆的彈藥已經大致清除，炸彈廢墟雖仍禁止進入，也已經不再危險了。對這些即興遊戲的空間，小男孩們完全沒有抵抗力。

配給跟補貼意味著，每個人都能取得最低限度的生活必需品。拜戰後工黨政府之賜，小孩們有資格免費得到一些有益健康的食品：不止牛奶，還有濃縮的柳橙汁與魚肝油——但只有在藥房確認身分之後才能領取。柳橙汁是裝在四方形的、像藥品一樣的玻璃瓶裡，這讓我從此以後總是把兩者聯想在一起。甚至到了今天，滿滿一杯的柳橙汁總會引發我一陣被昇華了的內疚：最好不要一口氣喝完。至於魚肝油，由於是當局帶著擾民的善意，敦促家庭主婦與母親們接受的，我還是少說一點比較好。

我們家運氣好，可以在我父母工作的理髮店樓上租到一間公寓，但是我的許多朋友都住在條件很差或臨時性的房屋裡。從一九四五年直到一九六〇年代中期的每一屆英國政府，都致力於推動大規模的公共住宅計劃：但是沒有一個夠用。到了一九五〇年代早期，成千上萬的倫敦人仍然住在「組合屋」裡：那是提供給無殼蝸牛的居住空間，每一間都是拖車式的房屋；雖然明顯是臨時措施，但常常存在許多年。

戰後針對新建房屋的指導原則極為簡約：三間臥房的房子至少要包括九百平方呎的居住空間[1]——大概跟今天曼哈頓一個寬敞的單臥房公寓差不多大。從今天的眼光看去，那些房子不只窄小，不保暖，而且傢俱過度簡陋。但是在當時，排隊要住的人長長一串：由地方政府擁有與管理，這樣的住屋極為搶手。

首都的空氣很差，類似今天北京的陰霾天；人們選擇用煤作燃料，因為煤便宜、量多，而且是國內生產。霧霾成了長期困擾的危害：我記得一次我把頭探出車窗外，引導我父親讓車子跟路緣保持適當距離——那時我的臉被籠罩在一片黃色的煙霧裡，視線無法超過一隻手臂的長度，而且那味道非常可怕。可是每個人都「攜手共度了難關」[2]：人們常常援引敦克爾克（大撤退）[3]跟（倫敦）大轟炸[4]時的民心士氣（而且沒有絲毫諷刺的意思）來描述英國國民的勇敢精神，以及倫敦人「應付」的能力——希特勒都被解決了，現在這個空氣污染也沒問題。

❖ ❖ ❖

我成長的經歷裡，我對第一次世界大戰的了解，至少跟剛結束的二戰一樣熟悉。老兵、紀念碑與祈禱文充斥在日常生活中，但是像美國那樣浮誇的愛國精神是完全沒有的。戰爭，也是一件刻苦的事：我有兩個叔叔跟著蒙哥馬利[5]的第八軍團從非洲一直打到義大利；他們在講述征途上的匱乏、差錯與無能時，一點也沒有緬懷與炫耀勝利的意味。趾高氣昂的歌舞雜耍劇[6]裡召喚帝國的歌曲——

我們不想打他們，但是天啊如果要的話，

我們有的是船，有的是人，

我們的銀子也不缺[7]！

——已經不再；二戰期間的廣播節目流行的是薇拉．琳恩的悲歎之歌：「我們

1 約當台灣二十五點二坪。
2 「攜手共度了難關」常用於描述倫敦大轟炸期間民眾士氣高昂。
3 聯軍為了保全戰力，在一九四〇年五月二十七日至六月四日之間，從法國北部港口敦克爾克撤退了三十三萬五千人跨過英吉利海峽。
4 一九四〇至四一年間德國空軍對英國倫敦的大規模空襲，密集時平均每晚達兩百架次的轟炸。
5 蒙哥馬利（Bernard Montgomery, 1887-1976），英國陸軍元帥，諾曼地登陸指揮官，一九四五年代表盟軍接受德國投降。
6 十九世紀與二十世紀初期英國劇院裡的雜耍歌舞表演，內容包括歌唱、舞蹈與搞笑劇。
7 歌曲作於維多利亞時代的一八七八年，是對當時俄土戰爭的回應，裡面的「他們」指俄國人。其中的「天啊」（by Jingo）一詞，成為英文「好戰愛國主義」（jingoism）的起源。

會再相見，但不知在何處，也不知在何時」[8]。即便有戰爭勝利的美好回憶，他們的人生已經永遠地被改變。

不久前的過去不斷被重提；這在我與父母兩個不同世代之間建造了一座橋樑。三〇年代的世界一直沒有離我們遠去：喬治．歐威爾的《通往威根碼頭之路》，普里斯特利的《天使街》，以及阿諾德．班涅特的《五城的冷笑》等工人報導文學與社會主義小說當中的描述，放到我們那個時候的英國仍十分貼切。不論在什麼地方，你都能看到對帝國光榮充滿溫情的引喻：印度是在我出生後幾個月「失去」的。馬口鐵餅乾盒、鉛筆筒、學校課本以及在電影院放映的新聞短片等等都不斷提醒我們：我們是誰，以及我們達成了什麼成就。說「我們」，不僅僅是文法的習慣：當漢弗萊．詹寧斯[9]為一九五一年的「英國節」[10]展覽拍攝紀錄片，他把影片命名為《家庭畫像》。這個家庭也許遇到一段艱困的日子，但是我們在這個家庭裡休戚與共。

就是這種「休戚與共」之感，使得人們還能夠忍受戰後英國那樣的物資短缺與灰暗生活。當然，我們並不真正是一家人。如果是的話，那麼我們還沒找到正確的成員來當政，如歐威爾曾經指出的那樣。但是不管怎樣，從大戰開始，有錢人就很明智地把姿態擺得很低。那些年代我們很少見到引人側目的消費行為。每個人看起來都一樣，身上的衣服都用相同的布料：不是毛料，就是法蘭絨或燈芯絨。衣服的顏色都很樸素，如棕色、淺褐色與灰色。也過著十分類似的生活。我們在學校之所以輕易就接受制服，是因為父母們的衣著也很齊一。一九四七年四月，一貫陰鬱的西里爾・康諾利[11]提到我們「單調的衣著、配給清冊與謀殺案⋯⋯」時說，「倫敦現在成了世界上最大、最悲哀也最骯髒的大都市。」

英國終將從戰後的赤貧裡爬起來——雖然過程不像大部分歐洲鄰國那樣光鮮與自信。對那些記不得一九五〇年代晚期之前的事情的人來說，「刻苦」是一個抽象

8 一九三九年由英國女歌手薇拉・琳恩演唱，是二戰期間最被傳唱的歌曲之一。歌詞為士兵對他親愛的人所說的話。

9 漢弗萊・詹寧斯（Humphrey Jennings, 1907-1950），英國紀錄片導演與製片人，也是社會調查組織「大量觀察」（Mass-Observation）的創辦人之一。

10 英國節，英國政府在一九五一年夏天舉行了一項遍及全國的展覽會，以表達英國已經從戰後的不景氣當中復甦，並凸顯英國在科學、技術、工業設計、建築與藝術方面的成就。

11 西里爾・康諾利（Cyril Connolly, 1903-1974），文藝評論家、作家，是英國文壇舉足輕重的《地平線》（*Horizon*）雜誌創辦人。

的名詞。這時配給制度與購買限制已經停止了，住處也有了著落。戰後英國特有的慘淡光景正在散去。連霧霾的問題也趨緩了，因為煤炭已經被電力與便宜的燃油取代。

奇怪的是，英國戰後那幾年的逃避主義電影——比如由邁克．懷爾登與安娜．尼格爾主演的《枯木逢春》或《梅費爾區的五月時光》——這時卻被風格冷硬的「洗碗槽」寫實主義[12]電影取代，比如由亞伯．芬尼或亞蘭．貝茨擔任主角，扮演勞動階級小伙子的《浪子春潮》或《一夕風流恨事多》。但是這些電影的背景設定是在英國北部生活條件依舊刻苦的地區。在倫敦看這些電影，就好像穿過時光隧道看到自己的童年重新上演。到了一九五七年時，保守黨首相哈洛德．麥克米蘭在演說中向聽眾保證，他們當中大多數人的「日子從來沒有像現在這麼好過」。確實如此。

❖ ❖ ❖

直到最近我才開始充分了解，遙遠的孩提時代對我產生什麼影響。從今天的觀點回顧，我們可以更清楚地看到那個關鍵時代的美好之處。沒有人會希望那個時代再來一次。但是刻苦並不只是經濟條件：刻苦還昇華成一種公共的道德準則。克萊門特・艾德禮，一九四五到一九五一年的工黨首相，像哈利・杜魯門一樣，從戰時領袖魅力非凡的巨大身影下掙脫出來[13]，並且代表了那個年代暗淡的期待。

邱吉爾曾用嘲笑的口吻形容艾德禮是一個謙虛的人，「因為他有很多需要謙虛的地方」。但是艾德禮的首相任期卻是現代英國最偉大的改革時代，與二十年後的林頓・詹森總統可以相提並論——然而艾德禮所處的時代條件遠遠比不上詹森有利。像杜魯門一樣，他的生活一直到過世都極度節儉——從一輩子的公職生涯裡，他只取得了微不足道的物質利益。艾德禮屬於愛德華時代的中產改革者世代[14]，而且是其中的典範代表：發自內心的道德情感，也帶著一點刻苦。我們今天的政治領

12 「洗碗槽」寫實主義，一九五〇年代末到六〇年代初發生在英國的文化運動。以寫實主義風格呈現的小說、舞台劇、影視作品當中，主人翁通常是勞工階級的憤怒青年，住在亂七八糟的爛房子，家庭關係不睦，下了工就到酒吧喝個爛醉。他們通常都住在貧窮的英格蘭北部。

13 艾德禮的前一任首相是邱吉爾；杜魯門也是在一九四五年繼任小羅斯福成為美國總統。

袖當中，有誰能主張自己是這樣？甚至還有誰能理解這個東西？

公共生活裡的真誠道德感就像色情一樣：很難下定義，但是你一看到就會知道。那意味著意圖與行動間的一致，以及願意負起政治責任的倫理觀。一切政治都是可能的藝術。但是藝術也有其道德。如果政治人物是畫家，而羅斯福是提香，邱吉爾是魯本斯，那麼艾德禮就是這個行業的維梅爾：精確、克制，長期受到輕視。比爾·柯林頓或許渴望薩爾瓦多·達利的高度（而且相信這種比擬是一種讚譽），東尼·布萊爾醉心的則是達米恩·赫斯特[15]的名氣，以及他撈錢的本事。

在藝術中，真誠的道德情感表現在一種對形式的精簡運用以及一種節制的美學上：比如《單車失竊記》裡的世界。我不久前讓我十二歲的兒子看了弗蘭索瓦·楚浮一九五九年的經典《四百擊》。身為一名新世代，他所看的電影從《明天過後》到《阿凡達》，總愛傳達一些旨意與教訓，但在看過《四百擊》之後他被震撼了，說：「太樸素了。他用這麼少，表現了這麼多。」確實如此。我們今天用如此龐大的資源來創造娛樂，只是為了讓我們不要注意到這些產品多麼貧乏。政治也沒有兩樣：無止無盡的口水以及誇大浮華的修辭，只是為了掩飾引人呵欠的空洞。

刻苦的反面並不是繁榮，而是浮華與享樂。我們用無止無境的商業貿易取代了公共的目標，也不期待我們的領導人懷有更高的抱負。在邱吉爾說過「我所能奉獻給各位的，唯有鮮血、辛勞、眼淚與汗水」[16]之後六十年，我們的這位戰爭總統[17]，儘管修辭中充滿浮誇的道德姿態，在二〇〇一年的「九一一事件」發生之後，所能想到的不過是要求我們繼續消費購物。這個內容貧乏的社會觀——一種建立在消費之上的「休戚與共」——就是那些統治我們的人覺得我們值得享有的一切。如果我們想要有更好的統治者，就必須學習對他們做更多要求，而更少為我們自己要求什麼。一點點刻苦或許是應該的。

14 英王愛德華七世在位期間為一九〇一到一〇年，是一次大戰之前一段和平且經濟繁榮的時代。生於一八八三年的艾德禮屬於中產階級，於愛德華七世末期因參與救濟勞工階級兒童的社會工作，觀點由保守轉向左傾，於一九〇八年加入獨立工黨，開始了他的政治生涯。

15 達米恩．赫斯特（Damien Hirst, 1965-），英國藝術家，以在作品中使用動物死屍聞名，最著名的作品是用一缸福馬林浸泡一條鯊魚。赫斯特也是英國最富有的藝術家；根據二〇一〇年《週日泰晤士報》的富豪榜估計，他的資產超過兩億英鎊。

16 引自二戰初期邱吉爾銜命出任首相時，在下議院發表的演說。

17 這裡指的是小布希總統。

4

食物 Food

即使一個人小時候吃的食物很差，也不必然表示他就不會懷念。我自己幼年時所吃的飯菜，牢牢地被限制在英國料理當中最不令人嚮往的部分；偶而我父親憶起印象已越來越淡的比利時童年，就會做一些帶有歐陸大城市風味的菜餚，給我帶來一點緩解。此外就是每星期一次、來自完全另一個傳統的味道：在我東歐猶太裔的祖父母家吃安息日晚餐。這種奇特的飲食雜燴對於培養我的味蕾自然沒有什麼助益（一直要等到當研究生住在法國時，我總算是經常吃到好食物），反而給我幼年的身分認同增添更多的混亂。

我母親出生於舊倫敦東區猶太氣息最淡的地方：在柏戴特路與商業路交會處，

離倫敦碼頭只有幾個街區之遙。這個不幸的地理位置——她總覺得自己跟周遭關係淡薄，因為缺少了向北幾百碼以外士得利園地鐵站附近的濃厚猶太氛圍——造就了她個性裡許多不太尋常的面向。好比說，有別於我父親，我母親對國王與女王有很高的敬重，後來每當女王在電視上發表演說，她總有站起來聆聽的衝動。她不輕易表明自己猶太人的身分，甚至到了令人尷尬的地步，這跟我們枝葉繁茂的家族裡大多數人毫不隱藏自己的異族模樣、也公開說意第緒語的態度，形成鮮明的對比。她自己的母親不很在乎猶太傳統，所遵從的僅限於年度例行的儀式（以及她成長的街區裡鮮明的考克尼特色[1]）。我的母親彷彿是懷著對外祖母的敬意，她對猶太菜餚幾乎一無所知。

結果是，我從小吃英式飯菜長大。但是不包括炸魚薯條、葡萄乾布丁、烤香腸布丁、約克夏布丁，或其他英國家常菜。我母親鄙視這些食物，覺得有些不健康。她的成長過程可能身邊都是非猶太人，但是正因為如此，她跟她的家人非常封閉，對鄰居感到恐懼與懷疑，對他們家裡的生活也一無所悉。總之，她完全不知道該怎麼烹飪這些「英國美食」。偶而我父親會帶英國社會黨的朋友回來；透過這些奶蛋

4 食物 Food

素跟純素主義者，我母親接觸到黑麵包、糙米、四季豆與其他這類愛德華時代[2]左翼人士奉行的「健康」基本食材。但是她同樣不會煮糙米；那就像要她做一盤中式炒雜碎一樣困難。所以她做菜的辦法，就是那個年代所有其他英國廚師都做的：把所有食材都煮到爛。

這也就是為什麼我會覺得，英國食物豈只是不夠精緻而已，簡直就是欠缺任何風味。家裡會買霍維斯牌黑麵包，但我總覺得——不冤枉地說——甚至比在朋友家喝茶時搭配的那種跟橡膠一樣難咬的白吐司更令人厭煩。我們吃水煮肉、水煮青菜，只有極少數的時候，我們可以吃到油煎版的相同菜色（必須公平地說，我母親煎魚確實可以達到一定水平，雖然這究竟是從英國還是猶太傳統裡學來的，我一直無法判斷）。乳酪，如果有的話，通常是荷蘭來的；至於原因，我從來不了解。紅茶是無所不在的。我的父母反對氣泡飲料——這是他們跟社會黨短暫的淵源帶來的另一個不幸慣例——所以我們喝加水果的、無碳酸的非酒精飲料，或者後來才有的

1 倫敦東區的勞工階級以及他們的口音。
2 愛德華時代，見第三章註14。

雀巢咖啡。多虧了我的父親，法式軟乳酪、生菜沙拉、真正的咖啡跟其他好東西偶而也會出現。但是我母親同樣用懷疑的眼光打量這些東西，就像她看待從歐陸來的其他一切那樣，不管是食物還是人物。

❖ ❖ ❖

所以，跟每星期五晚上我的祖母在倫敦北區的家裡為我們準備的飯菜相比，兩者的差別之大真是無以復加。我的祖父是波蘭猶太人，我的祖母生於立陶宛的一個猶太小鎮。他們的口味接近東北歐猶太人——直到幾十年後，我才首次嘗到中南歐（特別是匈牙利）猶太烹飪的風味、變化與口感；至於西班牙系猶太人的地中海佳餚，當時我也沒有絲毫的概念。我祖母是從立陶宛的皮爾維斯托克經過比利時的安特衛普來到倫敦。她從未見過生菜沙拉，也從來沒碰過一種蔬菜是她的燉鍋熬不爛的。但是在醬汁、雞肉、魚、牛肉、根莖類蔬菜以及水果等方面，對我低度發展的味覺而言，她真的是一位魔法師。

在那些日子裡，星期五晚餐的菜餚留給我的典型印象，是軟嫩與脆爽、甜與鹹辣之間交替的對比。馬鈴薯、蕪菁甘藍、蕪菁的色澤總是褐黃色，很甜，像在糖水裡泡透了那樣。黃瓜、洋蔥與其他體型較小且無害的蔬菜，則醃得很脆。肉和骨早已分離，甚至肉還會自叉上滑落，看上去同樣呈褐黃色，肉質軟嫩。各種烹調法的魚——有填餡的、水煮的、醋醃的、油煎的或煙燻的——層出不窮，而且整間屋子總讓我覺得聞到了調味過或醃製好的海產的氣味。有趣的是——或許正好揭露一些我的特質——我對魚的口感跟產地完全沒有記憶（可能有鯉魚）。我只注意到魚的包裝材料。

在魚跟蔬菜之後，就輪到甜點。或者更準確地說，是「糖漬水果」。各式各樣經過壓榨跟燉煮的水果（其中最顯眼的是李子跟梨子）總是在主餐之後準時登場。這些甜點有時候會塞在厚厚的酥餅裡，像普林節[3]吃的那種三角形水果餡餅[4]，但更多時候是不帶酥餅的。飲料的話，大人總是而且只有一種甜得不得了的葡萄酒，

3 猶太人的春日祭典。
4 猶太人吃的三角形餅乾或酥餅，裡面填罌粟子果醬或李子果醬。

檸檬茶則是所有人都可以喝。連同大量的黑麥麵包、雞蛋白麵包[5]、未發酵麵包丸子湯[6]以及各種形狀跟變化的餃子（但是口感只有一種——都很軟）——任何人如果在過去五百年裡生活在介於德國、俄國、拉脫維亞與羅馬尼亞之間的地區，一定會對這些食物很熟悉。對我來說，身為每星期從普特尼被帶來皮爾維斯托克的孩子，這頓晚餐代表了家族、熟悉感、食物的滋味，以及根源。我甚至從來沒有嘗試對學校裡的英國同學解釋我們在星期五晚上吃了什麼，以及那對我有什麼意義。我想，當時我並不了解，而且就算我試了，他們也一定不會理解。

❖　❖　❖

年紀大一些時，我找到其他辦法，來給家裡這種單調到令人絕望與無助的飯菜添加一點味道。在那段日子裡的英國，如果你的祖父母不是碰巧來自奇異風情的外國，那麼找到有意思的食物只有三種途徑。首先是義大利菜：這只有蘇活區才有，也只有胸懷大志的閒談階級裡放蕩不羈的邊緣人才會去光顧。以我這種十幾歲學生的預算是吃不起的。再者是中國菜：我不是特別有興趣，在那些年裡也並非到處都有，就算有也都因為生意考量調整成英國口味了。六〇年代中期以前，只有倫敦東區才找得到真正的中式餐廳，主顧都是華人船員，以及少數東亞移民。菜單常常沒有翻譯，菜色對倫敦當地人也是完全陌生。

真正的逃脫路徑在印度人那裡。我相信，我的父母從未去過任何印度餐廳。我的母親有個古怪的錯覺：她認為中國菜（其實她對中國菜一無所知）多少是「乾淨」的，相較之下，印度菜的味道非常可疑，像是在掩蓋什麼，大概都是在地板上煮的。我從來都沒能同意母親的這個偏見，而且把學生時代大多數可支配的收入，不論是在倫敦還是在劍橋，都花在印度餐廳裡了。當時我只是覺得印度菜非常可口。但是現在仔細一想，那時我可能無意識地把那些菜跟祖父母家的大餐連結起來了。

印度菜同樣把煮得太爛的肉浸在美味的醬汁裡，配軟麵包，辛辣調味料，以及帶甜味的蔬菜。沒有一般的飯後甜點，而是用水果口味的冰淇淋或外國水果蜜餞代

5 猶太人安息日吃的麵包，多做成辮子狀。

6 東歐猶太人的食物，由未發酵的麵包混合雞蛋、水和油，搓成丸子狀，做成雞湯餃子。

替。吃印度菜最好是配上啤酒——我家裡幾乎沒出現過的飲料。雖然我父親從來沒這麼說，但是我確定，他在內心深處一定對那些喜歡去擁擠的酒吧暢飲啤酒的英國人不敢苟同。他歐化的程度足以讓他接受像樣的葡萄酒，但是除此以外，他仍像老一輩的猶太人那樣，對飲酒過度懷有既定的厭惡。

吃印度菜，讓我更像一個英國人。就像我同一代的英國人，我現在也覺得外帶或外叫的印度菜是好幾世紀以前就傳進來的英國本地菜。我是如此英國，以至於在美國時，每當想念英國，就會特別想到印度菜（美國人想到當地的異國菜時會先想到中國菜）。但是我的英國背景也讓我在懷念東歐猶太菜餚時，想到的是這些菜被稍微調整成英國當地的口味（比美國這裡的猶太菜餚要煮得更久一點、辣味也較少一些）。我可以讓自己非常懷念炸魚薯條，但是，事實上，這不過是自己弄出來的傳統美食演練。當我還是小孩時，我們幾乎不太吃這些東西。如果我真要尋找記憶中的口味，我會從燉牛肉與烤蕪菁開始想念起，接著是印度咖哩雞，雞蛋白麵包夾醃黃瓜，翠鳥啤酒[7]和甜檸檬紅茶。至於能夠觸發回憶的瑪德蓮小蛋糕[8]，我的版本是未發酵麵包丸子湯泡印度烤餅，而且由一位來自馬德拉斯[9]、說意第緒語的侍者端上來。吃什麼，就成什麼人。而我是一個非常英國的人。

7 一種印度產的啤酒。

8 貝殼形狀的小蛋糕，源自法國洛林省。小說家普魯斯特曾在《追憶似水年華》書中提到，瑪德蓮小蛋糕讓他回憶起小時候在阿姨家的情景。

9 印度東部海港。

5

汽 車
Cars

據母親說，我的父親對汽車「非常著迷」。以她的觀點，我家之所以會長年經濟拮据，都是因為她的丈夫老把所有的儲蓄都花在車子上。關於這一點，我無法判斷她說的到底正不正確（顯然，如果由她自己來決定的話，我們家每十年才可以買一輛小車——根本不買是最好啦）。不過即便對父親滿懷欽佩與認同，我也確實覺得父親把全部的注意力都投注到他的汽車上了。他最喜歡的是雪鐵龍的車子；從我很小一直到青少年，這家法國公司造型奇特的產品總是點綴著我家的前院。他也有幾次在衝動之下買了英國車：一部奧斯丁的敞蓬車A40，一部AC汽車公司的Ace跑車，都是很快就後悔；另一部法國的DB潘哈德跑車（下面還會提到），則鍾情了較久的時間。不過多年下來，喬・賈德先生駕駛的、嘴裡談的跟動手修理的，都是雪鐵龍的汽車。

我父親之如此沉醉於內燃引擎，是他那一代人非常普遍的現象。「汽車文化」於一九五〇年代來到西歐；差不多也在這個時候，我父親有了足以加入這波浪潮的收入。在一次大戰之前出生的男人，到大多數歐洲人有車可買的時候，都早已經是中年人了。這些人在三〇年代與四〇年代裡只能買那種出了名的不舒適也不可靠、速度又緩慢的輕便小車，而且直到過了盛年之後許久，他們的收入都不足以買任何更好的車子。作為對照，我這一代人從小看汽車長大，並不覺得汽車有任何明顯的吸引力或有什麼好浪漫的。但是對那些在兩次大戰之間出生的男性（我猜大概也包括少數女性）來講，汽車象徵了一種新找到的自由與繁榮。他們買得起一輛車，而且可以買的車種非常多。汽油價格低廉，路上也仍然空曠地讓人想開車上路。

我從來不了解，為什麼我們家非得開雪鐵龍不可。在這個問題上，我父親堅定不移的立場是，雪鐵龍是在路上跑的汽車裡技術最先進的品牌：在一九三六年，當這家公司首度推出有前輪驅動以及獨立懸吊的「前驅者」時，這無疑是正確的。

一九五六年發表具有性感流線造型的DS19時也再度證實了這一點。雪鐵龍的汽車無疑比大多數類似的家庭房車更舒適，大概也更安全。至於可靠度就是另外一回事。在日本汽車革命來臨之前，沒有什麼汽車是特別可靠的；我曾在許多傍晚給我的父親遞工具，讓他修理故障的引擎零件，如此一直忙到深夜，實在又累又煩。

如今回想，我猜我父親之所以堅持買雪鐵龍（我孩童時期家裡前後至少有過八部），會不會跟他早年的生活有關。畢竟他是移民；在比利時出生，在比利時跟愛爾蘭成長，一九三五年才到英國。隨著時間變長，他也能說非常道地的英語，但是骨子裡，他一直是個歐陸人。他對生菜沙拉、乳酪、咖啡跟葡萄酒的喜好，常常跟我母親的觀點發生衝突：我母親像典型的英國人那樣對飲食不甚講究，覺得那不過就是熱量來源而已。所以，正如同憎恨雀巢咖啡、喜歡法式軟乳酪，我父親也看不起那些摩里斯、奧斯丁、標準前鋒的汽車，以及其他一般的英國產品，而是直覺地偏好歐陸的一切。

至於為什麼我家只能一直買雪鐵龍，可是福斯、標緻、雷諾、飛雅特以及其他歐陸廠牌也都買得到，也更便宜，我傾向以為背後有某種昇華了的種族情結在發酵。德國車當然完全不在考慮之內。義大利車（至少是那些在我們負擔範圍內的車）的聲譽當時正處在谷底：人們普遍覺得，義大利人什麼都能設計，可偏偏不會製造。雷諾的創辦人曾積極跟納粹合作，讓這個品牌蒙上污點（結果雷諾汽車被法國政府收歸國有）。標誌汽車是一間值得尊敬的公司，但是那些年代裡標誌出名的是腳踏車；無論如何，他們的汽車外型像坦克，看起來一點都不氣派（同樣的評價也適用於富豪汽車）。或許最具決定性（儘管沒有明說）的因素是：雪鐵龍汽車王國的同名創辦人，安德烈．雪鐵龍，是猶太人。

我家的汽車有些令人尷尬之處。在一個刻苦與本地主義盛行的時代，這些車子對我家來說流露出一種強烈的異邦與「外來」的氣質，特別是讓我的母親感到不自在。當然這些車都（相對上）不便宜，因此不無炫耀的味道。我記得五〇年代中期有一次當我們開車橫跨倫敦，去寶區拜訪我的外公外婆。他們住在破舊的排屋，就在一條巷弄裡面。在倫敦東區這一帶，路上的車子仍不多見，就算有也多半是福特「大眾」或摩里斯「小車」，反映了這些車主有限的財力以及保守的品味。在那樣的地方，我們手腳並用地從一輛閃亮白色的雪鐵龍DS19裡爬出來，像貴族來巡視

5 汽車 Cars

他們卑下的佃戶。我不知道母親有什麼感覺；我從來不敢問。對於新車引來許多羨慕的眼光，父親感到愉快與陶醉，我則是想找一個最近的人孔鑽進去。

一九六〇年前後幾年，出於對汽車的著迷，我父親開始玩業餘賽車。每個星期天我們兩人會向北開往諾福克郡或東密德蘭，去參加熱心同好舉辦的競速賽程。我父親的車是一輛經過改裝的潘哈德DB；那是一輛漂亮的小車，能發出誘人的引擎聲，跟當時的「凱旋噴火」以及MGB比賽起來有一定的優勢。各式各樣的家人朋友被誘拐來充當「技師」（有酬勞嗎？我一直不清楚）；我被指派在車子出賽前確定胎壓——一個有點奇怪但責任重大的任務。這種活動有其樂趣，不過情境有時令人煩累（大人們討論化油器一講就停不下來），而且出門來回一趟就要六小時。

比起賽車，我們在那些年裡去歐洲大陸度過的假期，是遠遠更有意思的。我們有時會覺得，這些假期很大程度是讓父親長途開車的一個藉口。在那個還沒有高速公路的年代，開車前往歐洲大陸是一種探險行動：所有環節都很耗時，也總會發生某種故障。我坐在前座「錯誤的」一邊[1]，可以從駕駛的角度欣賞法國壯觀的幹道公路。每次因為超速被警察攔下來時，我都是第一個被問話的人。還有一次深夜在巴黎附近被攔下來的經歷非常難忘：那是在法國「秘密軍」[2]危機期間，我們遇上了軍方的掃蕩行動。

大多時候我們都是全家一起旅行。我母親一點都不覺得在比亞里茨[3]會比在布萊頓[4]更有趣，而且她覺得長途旅行又累又煩。但是在那個年代裡，都是全家一起行動的，而且買車的主要目的之一，本來就是為了出遊。對我來說，這些活動的重點在於旅程（在這一點上我大概比較像父親），至於我們去的那些地方——特別是星期天的短途旅行——都很尋常，沒有太多值得玩味的特色。即便是跨過英法海峽，我們冬天與夏天假期最棒的部分總是前往目的地路上的冒險：輪胎破洞、路面結冰、在又窄又彎的鄉間道路上做危險超車，或者在路上激烈爭吵了許多小時到底什麼時候要在哪裡休息之後，終於在深夜抵達一間奇異的小旅館。坐在車子裡，是我父親覺得最輕鬆自在的時候，但是我母親正好相反。考慮到在那些年裡我們在路上度過了如此多的時光，他們的婚姻能夠維持這麼久真是不簡單。

今天回想起來，我們的家庭旅遊讓我得到很多樂趣，為此，我現在對父親的自我放縱大概比當時抱有更多的同情。如今我覺得他是個充滿挫折的人：陷在一個不快樂的婚姻裡，從事一份讓他感覺無聊或甚至羞辱的工作。那些汽車——參加比賽的汽車、值得討論的汽車、可以動手修改的汽車、以及把他帶回歐洲的汽車——就是他的夥伴。由於不太上酒吧飲酒，也沒有同事可言，他把他的雪鐵龍汽車變成一個萬能的同伴與萬用名片——這讓他最後當選了英國雪鐵龍汽車俱樂部的主席。其他男人在酒精與情婦身上所尋求的東西，被我父親昇華成一種跟汽車伴侶的戀愛關係。這無疑解釋了，為什麼我母親直覺地反對一切跟車子有關的事。

一滿十七歲，我就本分地學了開車，到了適當時候，也得到了我的第一部車：不可避免地是一輛雪鐵龍，一台便宜的2CV。不過，儘管我覺得開車很愉快，後來也載過各色女友跟妻子們遊歷了歐洲與美國大陸的許多地方，但是開車對我的意義，從來不像對我父親那樣重要。我不覺得冰冷的鄉間車庫有什麼魅力，也不具備

1 英國駕駛座在右邊，跟歐陸國家相反，小賈德坐在左邊，遇到盤查的時候就會第一個被問到。

2 秘密軍是阿爾及利亞獨立戰爭期間（1954-1962），法國異議人士於一九六一至六二年組成的民兵組織，宗旨在反對阿爾及利亞從法國獨立。

3 法國西南部旅遊勝地，在比斯開灣上，面對大西洋。

4 英格蘭南部沿海的旅遊城市。

必要的修車技術，所以很快我就放棄了雪鐵龍，改開比較不會故障（即便造型不那麼奇特）的品牌，如本田、標緻，最後還開過一台紳寶。不可否認地，我也有擋不住一時衝動的時候：第一次離婚時我買了一台敞蓬的紅色MG跑車作為慶祝；我也很懷念曾經駕著一輛敞篷的福特「野馬」沿著加州的一號海岸公路一路往南。但那些車就只是車子而已，從來不是「文化」。

我覺得，這也是一種在我這個世代很尋常的反應。我們戰後嬰兒潮世代從小看著汽車長大，也都有鍾愛且著迷於汽車的父親。我們從學校畢業的時候，路上已經有很多車輛，不像兩次大戰之間以及戰後初期那樣空曠。在這些路上開車已經沒有多少冒險性質，也不會發現多少新的東西，除非你開到離開一般目的地以外很遠的地方。我們居住的城鎮已經變得對汽車反感，儘管不過幾年之前人們曾經短視地歡迎過汽車：不管是在紐約、巴黎、在倫敦還是在其他許多地方，買一輛車自己開已經沒有太大的意義。在汽車宰制的高峰時期，汽車代表了個性、自由、隱私、區隔，以及自私——社會機能最嚴重失常的形式。但是許多機能失常都是誘人而難以提防的。像奧茲曼迪亞斯一樣，汽車現在請我們看看它造就了什麼，好叫我們感到絕望[5]。不過那真是一段非常有趣的時光。

5 典故出自英國詩人雪萊的詩〈奧茲曼迪亞斯〉（Ozymandias），描述沙漠中一座被遺忘的古代國王奧茲曼迪亞斯的雕像，基座上寫著：「我是奧茲曼迪亞斯，王中之王！強大的閣下，請看看我所造就的，然後絕望吧！」

6

普特尼

Putney

有人說，心所在的地方，就是家。但是我沒有這麼確定。我有過許多的家，而且我不覺得我的心特別堅定地歸屬於其中哪一個。當然，這意思是說，你選擇把心留在哪裡，家就在那裡。而就我的狀況來說，我想我一直是無家可歸的：好幾十年前，我把我的心留在瑞士某個山邊上，但是我其他的部分卻很傻地沒有跟著留下來。儘管如此，在我被拔斷的許多條根當中，有一條扎得特別深，甚至或許可以構成某種根基。我的家庭從一九五二至五八年住在倫敦西南區的普特尼；我對這一段時光的回憶充滿溫情。

雖然我當時不知道這一點，但是普特尼確實是個度過童年的好地方。從我們公寓往北一百碼，座落著聖瑪莉教堂：一座寬而矮、老舊的教區建築，以一六四七年十月英國內戰最激烈的時候在其中舉行的「普特尼大辯論」[1]而聞名。湯馬斯・蘭斯伯勒上校[2]曾在此對他的辯論對手提出那句著名的警告：「英格蘭最窮的人，跟地位最崇高的人一樣，也有他的日子要過……任何要在一個政府底下生活的人，應該要先經過他自己的同意，才將自己置於該政府之下……。」整整三百年後，克萊門特・艾德禮領導的工黨政府將開創一個福利國家，保證讓最窮的人也獲得值得過的生活，以及獲得為他們服務的政府。艾德禮在普特尼出生，過世的地點只在幾哩之外。儘管政治生涯很長也很成功，他一直是個舉止謙虛、家產很少的人（跟他之後貪婪且聚斂的英國首相們形成鮮明的對比）：作為一位愛德華時期中產改革者世代的偉大典範，他有發自內心的道德情感，也帶著一點刻苦。

自然而然，普特尼也有些許刻苦的味道。普特尼是一個古老的教區——在一〇八六年的最終稅冊[3]中有記載，同時被記錄下來的還有一艘橫渡泰晤士河的渡船（泰晤士河的第一座橋是一六四二年建造的）。由於緊鄰泰晤士河以及老樸次茅斯路（後來成為繁忙的普特尼大街），普特尼成為相對重要的地點。大街與河流的匯合，解釋了為什麼早期地鐵會有一條路線穿過普特尼，南北向從侯爵府到達溫布頓，以及為什麼倫敦與西南鐵路（後來的南方鐵路），一條從溫莎鎮到滑鐵盧車站的支線，會在普特尼大街的北端設置一個車站。這裡的公車路線也是超乎尋常地多：有十四路、三十路跟七十四路公車從普特尼或附近發車前往倫敦東北區；有二十二路跟九十六路公車從普特尼公園出發，穿過倫敦市中心，分別到赫莫頓，以及艾塞克斯郡最南邊的紅橋站（當時倫敦最長的公車路線）；還有八十五路與九十三路公車從普特尼橋地鐵站出發，向南分別到金斯頓與默爾頓。當然還有七一八線線長途巴士；這條從溫莎到哈洛的漫長路線也從普特尼中間穿過。

1 普特尼大辯論是一六四七年間新模範軍內部針對制定新憲法所舉行的一系列辯論。激進的平等派要求全民普選並實行議會民主制，出身地主的高階軍官則主張只有地主有選舉權而且查理一世應該復位。

2 湯馬斯・蘭斯伯勒（Thomas Rainsborough, 1610-1648），在英國內戰爆發初期是支持國會與英王查理一世對抗的圓顱黨人，內戰期間加入克倫威爾的新模範軍，極力鼓吹人民主權、普選、法律之前人人平等與宗教自由。一六四八年在一場失敗的綁架行動中遭保皇黨人殺害。

3 最終稅冊，一〇八五年征服者威廉下令針對英格蘭大部分地區與威爾斯部分地區進行大調查，以決定欠稅者該支付多少錢。這項調查在一〇八六年完成。

既然全部這八路公車與長途巴士、兩線無軌電車（由高架電纜供電的電動巴士，於一九五九年被愚蠢的政策拆除）、地鐵以及近郊鐵路的路線都在普特尼大街上或附近匯合，這條大街在那些年代裡的繁忙是非比尋常的。我有很好的機會觀察這一切：我家公寓位於普特尼大街九十二號，我有一個絕佳的（即便永遠吵雜的）觀景台。而且，因為我搭十四路公車上學（我搭綠線長途巴士的遊歷探險是在我家搬到充滿綠意的金斯頓山丘後才開始），所以我每天都能就近觀察這些公車與火車。汽車的供應較少一些，但也只是相對上而言。那些年的倫敦，是除了美國本土之外世界上汽車擁有者與駕駛者密度最高的地方，塞車已經是普特尼日常生活的一部分。

然而一離開繁忙的大街，你就會看到另一個較為寧靜的普特尼：自十九世紀晚期便已建成的郊區住宅，有公寓樓房，又分成維多利亞時代的排屋，以及愛德華時代的磚石別墅，幾乎都是雙併，又很大間。那裡你能看到一排接著一排，一巷接著一巷，街區連著街區這類通常頗為典雅的房子；在裝飾與正面的風格一致地令人驚訝。普特尼比倫敦東南區在兩次大戰間往郊外無止無盡延伸的住宅區更迷人，也比倫敦東北區貴氣逼人的林蔭大道少了炫耀財富的意味，這裡有著清楚明白、讓人安心的中產階級氣息。誠然那裡也有小區塊的高階中產，你不難猜出他們住在較高處，在古老的普特尼草坪旁以及在通往草坪的山坡上；也有勞動階級的街區，比如臨河的下里奇蒙路——滿懷壯志的詩人勞瑞．李[4]從格洛斯特郡最南邊來到倫敦之後，就是在那裡找到便宜的落腳處以及第一份工作。但是在普特尼大部分地方屬於舒適且穩固的中產階級。

我家是一間陰冷且平凡無奇的公寓，位於我父母工作的美髮店樓上四樓。但是這間房子有個特殊的地方：後面緊連著瓊斯馬廄屋[5]。從前城裡的居民與商人會把他們的馬放在這種馬廄屋裡飼養，瓊斯馬廄屋是碩果僅存的其中之一。在我那個年代，瓊斯馬廄屋仍然維持著傳統的功能。從我家後門看出去，六個馬廄當中的兩個養著拉車的馬。其中有一匹馬——事實上又瘦又瘸已經不成馬形——被一位流動

4 勞瑞．李（Laurie Lee, 1914-1997），英國作家與詩人，曾在西班牙內戰爆發後加入國際縱隊對抗佛朗哥。最有名的作品是三部曲自傳式小說：《與蘿西一起喝蘋果汁》、《某個夏日的早晨我走出家門》、《戰爭的片刻》。

5 馬廄屋指一樓是馬廄、二樓可住人的傳統英國房子，有的沿著小巷形成排屋，有的以方形圍成一個院子。這種馬廄屋在汽車流行之後喪失功能，多數被拆除或改建成住房。

舊貨商奴役；每天舊貨商會把牠從馬廄拉出來，粗魯地把牠推到車轅之間，然後出門去收舊貨。到了一天結束，那馬拉的重量常常很可觀。另外一匹馬過得比較好；牠的主人是一個肥胖、邋遢、多話的賣花女，她在公園邊上經營一個攤位。其餘的馬廄已經被改造成當地工匠的庫房：有電工、機械工、以及一般雜工。就像送奶人、肉販、賣花女以及流動舊貨商一樣，這些工匠全都是當地人；他們的父輩有的也是當地人，有的則從外地來。從瓊斯馬廄屋的角度看去，普特尼仍然是個小村。

即便是大街，獨立自足的過往也仍然留下很深的痕跡。當然，大街上已經有了連鎖商店：伍爾沃斯十元商店、馬莎百貨、英國家庭商店等等。但是這些都是小型的暢貨中心，數量上遠遠及不上當地人自己的店：男裝店、菸草店、書店、食品雜貨店、鞋店、女服飾店、衛生用品店以及其他所有種類的商店。就連連鎖店也多少都有當地商店的模樣。「賽恩斯伯里」是一間只有一個雙層窗戶的小店，地板上還有鋸木屑[6]。為你服務的是有禮貌但略帶傲氣的店員，身上穿著漿過的藍白圍裙，跟背後牆上這間店數十年前開幕照片裡神情自豪的僱員幾乎一個模樣。大街上再往下一點的「本土與殖民地」雜貨店很細心地把海外跟國內供應的產品分開標示，比

6 普特尼 Putney

如「紐西蘭羔羊肉」、「英國牛肉」等等。

大街是我母親的地盤，萊希路才是我買東西的地方。那裡有一間零售酒店——家裡會派我去買蘋果酒跟葡萄酒——一間小的裁縫店，以及兩間糖果店。其中一間糖果店比較普通，也比較現代（至少依照五〇年代的標準來說），有賣水果軟糖、包裝巧克力以及箭牌口香糖。但是另外一間，雖然比較陰暗、比較潮溼、比較髒而且其他方面也讓人感到有點壓抑，但卻有趣得多，也更引起我的好奇。顧這間店的是一個乾癟而小氣的醜老太婆（而且我猜她就是老闆）；當她從一整排大玻璃罐裡舀出四分之一磅的彩球硬糖或甘草糖來秤重時，總是一臉怒氣，並且對等不及或穿著邋遢的客人嘟囔著：「我從老女王登基週年慶的時候就開始賣糖果給像你這種髒兮兮的小男孩了，所以別想愚弄我！」當然，老女王指的是維多利亞女王；她的登基五十週年慶於一八八七年六月舉行，就在普特尼。

小街巷裡仍然有某種維多利亞時代——或者更準確一點，應該說是愛德華時代

6 英國小店傳統，在地上灑木屑可以防止地板溼滑，以免顧客滑倒。

的氛圍。在那些堅實的石階上，在厚重的窗簾後方，你不難想像有戴眼鏡的老小姐在教授鋼琴課，以便補貼一點她們微薄的養老金——這甚至無需想像，因為我就跟兩位這樣的女士上過這種課。即便在當時我也能看出，她們勉強維持著階級派頭，但是生活清苦。我學校的朋友中，有的家裡就在多佛屋路或在普特尼山丘上這類頗為氣派的大屋子裡佔有一層或兩層樓；這些建築即便分割成好幾戶，我仍模模糊糊感受到，它們散發出堅實與永恆之感。

普特尼也有未盡完成之處。泰晤士河的河岸仍然有點像是鄉下；一旦過了橋[7]——這是每年牛津與劍橋划船比賽的地點，所以這一段向來多少有點商業化——再往西，大半仍未開發。你能看到泊船的棚屋、水上船屋、偶而一見的拖船[8]、在泥濘中緩慢腐爛的廢棄小艇：這些見證了古時泰晤士河上繁忙的貿易。在普特尼，泰晤士河仍然深受潮汐影響：有時候只是一條小溪流懶散地劃過廣大的泥濘河灘，其他時候則幾乎要漫過雜亂且有些不夠堅固的河岸，而一艘渡船或遊船——從西敏寺橋出發開往泰汀頓或甚至牛津——正從橋下掠過，滑入環抱著對面岸上克拉文農場足球場（英超聯賽球會富勒姆隊的主場）的大河灣。普特尼段的泰晤士河是淩亂、不優雅且實用取向的。我曾坐在河邊上度過許多時光，想著事情，然而我已經不記得都想了些什麼。

我十歲的時候，由於父母跟財神打了一個短暫的交道，我們離開普特尼，搬到薩里郡這個綠意盎然的外圍地帶。位於金斯頓山丘上的新家比從前的老公寓更大；我們在這裡住了九年，直到我父母沒有錢了為止。房子帶一個花園，一個前門，還有——天啊，簡直太棒了——兩個盥洗室：相對於九十二號的舊家這是很大的解脫（在那裡我們只有一間廁所，從我的房間要往下走兩層冰冷的樓梯才會到達）。此外還有無數的鄉間小路供興味盎然的自行車騎士探索。但是我從未真正把普特尼拋諸腦後：那些商店、那些氣味，以及種種連結，一直在我心裡。普特尼的綠色植物不很多，除了在邊緣上還可以看到大自然留下的綠地和草坪。普特尼徹頭徹尾是都市的，但那是一種特殊的都市面貌：親切而大方，使倫敦之所以為倫敦——至少直到六〇年代災難性的都市「計劃」為止，倫敦一直是**橫向發展**，而非**向上長高**。如今

7 指普特尼大街跨越泰晤士河的普特尼橋。

8 指拖大船的小船。大型船隻進港或進入河流時，通常關閉動力，由拖船拖行。

那裡我已不再熟悉了。大街本來可以變得更好，但並沒有，而是缺乏特色，成為英國隨便哪條大街的複製品，從速食連鎖店到手機門市通通不缺。但是當年的普特尼就是我心中的倫敦，而當時的倫敦是我的城市——即便我只是孩童時期住在那裡，一九六六年前往劍橋時便永遠離開了。倫敦不再屬於我。之後我只有鄉愁了，而那已足夠令人滿意。

7

綠線巴士
The Green Line Bus

五〇年代最後幾年裡，我上學時是搭綠線巴士。就像那些年代所有公有的倫敦巴士一樣，綠線也是倫敦運輸公司的一個部門，提供橫跨倫敦的長程巴士連結，起站通常是一個距離市中心二十到三十哩的鄉下小鎮，終點站則位於倫敦相對方向但同樣遠的小鎮裡。我搭的路線，綠線七一八，是從西南部的溫莎出發，通往東北部的哈洛，到了哈洛，已經在倫敦往劍橋的半路上。

綠線有好幾個特色。車子當然是綠色的，但可不止車身，連公車標誌跟車子內部的裝配也是綠色的。車子通常是單層巴士，跟當時慣常的倫敦巴士有所不同，而且還有能夠刷的一聲關上的電動折疊門。相較於倫敦市中心尾部開放的雙層巴士[1]，綠線巴士有一種舒適、讓人放心而且頗為溫暖的感覺。就固定巴士路線來說，綠線是如此地長——從頭坐到尾是一趟超過三個小時的旅程——所以不會停靠大多數的公車站，只會停在一些轉車點上。即使並沒有比一般的倫敦巴士速度更快，綠線仍被稱為「快車」，這樣可以收高一點的車資。

這個顏色跟命名並非出於偶然。綠線巴士所援引與彰顯的，是倫敦都市計劃一項由來已久的原則：二十世紀初期倫敦建設了一條環繞在周圍的「綠色腰帶」；綠線的終點站就是政策性地落在這條腰帶上或超出其外。「綠色腰帶」是早期對環境保護以及把開放空間作為公眾休閒娛樂之用的一種努力。所以在那個年代裡，英國資本被小心地框限在一圈帶狀的開闊地之內：有各式各樣的公園、公共土地、從未砍伐的森林、未開發的農地、公共草皮等等。這些全是從前王室或市鎮或教區留下來的財產，再由倫敦市接手，以確保英格蘭東南部的鄉間得以保存，免於因為大倫敦（the Great Wen）長年來難以遏制的擴張而遭受威脅。

儘管經過了兩次大戰之間倉促雜亂的帶狀發展[2]，或甚至一九五〇年代更不吸引人的公共與私人住宅計劃，大倫敦區或多或少都被限制在這條綠色腰帶之內。即

7 綠線巴士
The Green Line Bus

便這條綠色地帶有時候不過幾哩寬，但已經足夠把倫敦跟鄉村劃分清楚，並讓綠帶以外的小鎮與村落保持他們的自我認同與獨特性。因此，綠線巴士在名稱、路線與所跨越的距離上，所反映的是一個世代的都市計劃者大體上成功實現了的願景。

當然，當時我對此一無所知。但是我覺得，我直覺地理解了這些巴士及其路線經營者隱然透露的訊息。他們彷彿在說，倫敦有個特定的理念，我們就是其移動的靈魂與化身。我們從溫莎出發，但也可能從斯蒂文尼奇、格雷夫森德或者東格林斯提德，沿途橫越整個倫敦（絕大多數綠線巴士的路線都經過維多利亞車站或大理石拱門或兩者都經過），最後抵達哈洛、吉爾福德或沃特福德。紅色雙層巴士在倫敦市中心來回亂竄，任乘客隨意跳上跳下，但是我們搭綠線巴士的人則把大倫敦包圍在內；我們認可大倫敦驚人的規模，但也透過獨特的路線與終點站，主張其必要的邊界。

1 紅色雙層巴士出入口在左側面尾部，有個平台跟扶手但沒有車門。

2 帶狀發展指的是沿著道路兩側發展出來的狹長居住區。

❖ ❖ ❖

我有時會嘗試去到這些邊界，從一個端點搭車到另一個端點，只因為觀看那些森林、山丘與田野在我出生的大都市的每一個盡頭處升起，給我帶來純粹的快樂。綠線的「組員」——每輛綠線公車除了司機還配備一位車掌——對我這種一看就知道沒有目標的孩童，看起來懷著明確的善意。他們的薪資不比紅色雙層巴士的駕駛跟車掌高到哪裡去——那個時候沒有任何倫敦乘客運輸委員會[3]的僱員能夠領到多好的薪水。當我開始接受他們的服務時，司機才剛結束一次激烈且長時間的罷工。但是綠線服務人員的「心情」確實跟其他公車有別。他們有更多時間與彼此和乘客交談。因為綠線的車門是關閉的，所以車內比其他公車更為安靜。而且他們行經的路線上，有許多地方的風景是如此迷人——戰後倫敦市郊的外緣充滿綠意，有一種安定而宜人的氣息——以至於，儘管綠線的車子本身安裝的椅墊跟當時倫敦所有其他公車大致沒有兩樣，但是不知怎麼回事感覺坐起來就是比較豪華也更舒適。而且，至少就我看來，他們的司機與車掌也比其他部門的公車僱員對自己的車子更感到驕傲，執行他們的日常工作時也更輕鬆。

車掌領的薪水比資深駕駛要低一些，通常（但不是全部）是一名比駕駛年輕的男性（當時的公車服務員幾乎沒有女性）。他的職責明顯是維持車上秩序以及收取車資；但是因為鄉間大段車程裡乘客與車站都相對較少，他的工作一點也不忙碌。實際上他都在陪伴司機。另一方面，司機是巴士的一部分（駕駛室跟車內空間是整合在一起的），因此常常為路線上的乘客所熟識，有時甚至直接以名字稱呼而不帶姓。綠線公車因為路線漫長，司機毫無疑問是寂寞的。至於是否存在階級問題，則是另一回事。綠線的車資較貴，搭載的乘客既來自郊區也遍佈城市之內，所以綠線或許有不少顧客是某個階層以上的，與當時一般的公車乘客有些距離。一九五〇年代絕大多數搭紅色雙層巴士去工作的人，即便想要也負擔不起汽車通勤的開銷；綠線公車的生意，卻隨著時間的推移，因為更多人開車而大幅衰退了。

市區內紅色巴士的司機、車掌跟乘客常常來自相同的社會群體，相對地綠線

3 倫敦乘客運輸委員會後來於一九四八年改組為倫敦運輸公司。

的通勤者更有可能是中產階級。或許這就是為什麼，一些在英國社會上仍然盛行的某種禮貌形式，會被複製到綠線車上。這也讓這些車上更安靜一點。然而，綠線組員對自己的工作十分明顯的榮譽感——他們在車上待的時間較長，也比較不容易被隨意調到其他不同的部門，特別是必須學習長途且複雜路線的司機——某種程度補償了公車上這種社會階層的落差。結果是車上的每個人都心情愉快，或者看起來如此。我甚至還能回憶起，當我只有十一歲時，我覺得車裡散發一種使人安心的氣味；與其說是交通工具，其實更像是一間圖書館，或一家老舊的書店。這種除此以外無法解釋的印象連結，大概是來自於其他一些讓我感覺到寧靜、鮮少吵雜與紛亂的公共空間。

❖ ❖ ❖

我繼續搭綠線公車一直到六〇年代中期。那時我主要在深夜搭車回家（那段日子裡綠線最後一班通常在晚上十點發車），有時是因為參加錫安主義的少年聚會，有時則是跟女友約會。在這麼晚的時候，綠線一般都準時（跟紅色雙層巴士不同，綠線有固定的時刻表）；如果你到車站太晚，就會錯過車。這種時候我就注定得在冰冷的火車月台上花很長時間等待班次極少的夜間火車，然後再從某些地點偏僻的南方鐵路車站鬱悶且疲憊地走很長一段路回家。所以趕上最後一班綠線公車是一種很好的感覺；它帶來一種慰藉與安全之感，為你抵禦倫敦寒凍的夜晚，並且承諾在平安與溫暖中送你回家。

今天的綠線公車只是前身的一絲殘影。如今綠線公車由愛瑞發交通公司擁有與營運——這是為英國通勤者提供鐵路與公車服務的私有企業裡最糟糕的一家，而且收取過高的票價。綠線（除了少數例外）現在都避開倫敦市中心，改成連接英國地圖上新的基準點：希斯羅機場、樂高樂園等等。它的綠色成為歷史的偶然結果，與它所發揮的功能毫無關係。事實上，綠色的識別標誌現在被打上了不同色調的條紋——無意中提醒你，不論是車子本身，還是它所提供的服務內容，都不再代表任何整體的或公共的目的。車掌早已消失了，司機也跟車廂內部隔絕開來，除了收取車票之外，跟乘客沒有其他的關係。所剩的完全只有生意。再也沒有橫跨大倫敦的路線了。任何進入倫敦範圍的路線，都在半路上停止，然後返回原來的發車點，彷彿在提醒搭乘的人，這不過又是一條普通的從A點到B點的公車，一點都不想映射、囊括、框限或以任何其他方式向你指出倫敦非比尋常的規模與多樣性，至於那正快速消失的保護倫敦的「綠色腰帶」，就更不用說了。跟今天英國許多其他事物一樣，綠線公車僅僅代表一個消逝的過往，它的目的與共同經驗已經在英國傳統裡消失，就像一塊崩解中的界標石，被雜草覆蓋，也被遺忘。

8

欲望是模仿來的
Mimetic Desire

根據文學理論家何內・吉哈爾[1]的說法，我們之所以渴望而且最後愛上一些人或事物，是因為那些人或事物被其他人所愛。我沒辦法用個人的經驗證實這一點，因為在我的生活經歷中，我那些受挫的渴望——不論是事物還是女人——都是明顯不在我可及範圍內、但是別人也沒有特別興趣的。然而難以置信的是，吉哈爾「欲望是模仿來的」的理論，倒可以完美地適用於我人生中的一個範圍：如果他所謂「模仿」（mimetic）指的是有來有往、對稱均衡的，而不是單方向或競爭式的模仿，

1 何內・吉哈爾（René Girard, 1923-），法國當代哲學家、人類學家，學術著作將近三十種，近年來在文學評論、人類學、心理學、社會學、文化研究、哲學等領域的重要性逐日提升。著作《替罪羊》有繁中版。

那麼我願意擔保他論題的可信度。我愛火車，而火車也總會回應我的愛。

被火車愛是什麼意思？我以為，「愛」是一種狀態；人在這種狀態中，會以最滿足的方式做他自己。如果這聽起很矛盾，就請回憶一下里爾克[2]的告誡：愛，就是讓被愛的人有足夠的空間做他自己，並提供安全與保護，讓那人能茁壯發展。當我是小孩的時候，在人群身邊，特別是跟我家人在一起時，我總是不自在，會覺得有點拘束。獨處對我是極大的幸福，但不容易得到。**存在**（Being）總是充滿壓力——無論我在哪裡，總有該做的事、有該取悅的人、有得完成的義務、有扮演不好的角色：總是不太對勁。另一方面，**變化**（Becoming）則是一種解脫。每當我能夠自己出門去什麼地方時，就是我最快樂的時光，而且路程時間是越久越好。步行很愉快，騎腳踏車很享受，公車旅行充滿樂趣，但火車才是真正的天堂。

我從沒想過對父母或朋友說明這一點，所以我總得編造一些藉口：我想去某某地方、想去找誰、得去做什麼事等等。但那全是騙人的。在那個年代裡，一個差不多七歲大的小孩就能安全地使用公共交通工具行動；我也從非常小的年紀就獨自搭乘地鐵遊逛倫敦。如果說有什麼目的的話，那就是我想走遍整個交通路網，從一個盡頭到另一個盡頭。而且我距離完成這個目標非常接近。如果你問，到達路線的終點之後，比如艾哲維爾或恩加爾，我會做什麼呢？我會下車，很仔細地觀察車站，看看四周，買一個乾癟的倫敦運輸公司三明治，以及一瓶泰澤汽水[3]……然後搭下一班地鐵回去。

鐵路系統的科技、建築以及運轉方式，從一開始就讓我完全著迷——直到現在，我都還能描述倫敦地鐵各條路線以及個別車站的特殊之處；那都是古早年代裡經營各條路線的私人公司所遺留下來的。但我也從來不是一個火車迷。即使當我過渡到開始在英國國鐵廣闊的南方路網上獨自旅行時，我也從未加入那些在月台末端集合的火車迷團體——一群十歲出頭、穿著套頭風衣、認真地把通過的火車編號記錄下來的男孩。我覺得對火車做那種靜態娛樂是非常愚蠢的——火車的要義在於搭乘。

2 里爾克（Rainer Maria Rilke, 1875-1926），出生於奧匈帝國的詩人與小說家，生涯遊遍歐洲各國，最後定居瑞士。對德語文學貢獻良多，但其實有四百多首以法文寫作的詩歌，題獻的對象就是東尼．賈德在〈記憶的小木屋〉提到的瑞士瓦萊州。本章所引用的片段出自《給青年詩人的信》。

3 一種英國的紅色碳酸汽水。

在那時的倫敦南區，一個隻身上路的旅人有許多去處可選。我會在滑鐵盧線的諾比頓車站上車，把腳踏車停在行李車廂，然後搭乘這班市郊電氣火車到郊外的罕普夏，在某個丘陵地山坡上的鄉間小站下車，悠閒地朝東騎去，直到遇上古老的倫敦—布萊頓鐵路西線，然後跳上開往維多利亞的慢車，一直搭到克拉博姆交匯站。這裡有多達十九個月台（畢竟這是當時世界上最大的火車交匯點）；要從這麼豐盛的選項中挑出一班回家的火車，對我來說是很棒的娛樂。這樣的出遊可以佔去一整個漫長的夏日。當我疲倦但心滿意足地回到家時，我的父母會客氣地詢問我去了哪裡，我則會恭敬地編出一些完全正當的回答，以免他們進一步討論這個話題。我的火車之旅完全是我自己的，而且我希望這樣保持下去。

在五〇年代，搭火車出遊算便宜，特別是對十二歲的男孩來說。我每個星期的零用錢不但夠買車票，還能剩一點買零食。我花費最多的一次旅遊，讓我幾乎到了多佛（實際上是到了福克斯通的中央車站）[4]。從那裡我滿懷渴望地遙望對岸；法國國鐵特快車的身影在我記憶中是如此清晰。不過更多時候我會把存起來的閒錢拿去看在滑鐵盧火車站的「影音新聞劇場」。滑鐵盧車站是倫敦最大的單向火車站，火車頭、時刻表、新聞攤、佈告欄以及各種氣味，豐富得讓人目不暇給。晚些年時，我偶而會錯過最後一班回家的固定車班，以致必須在滑鐵盧有穿堂風的候車大廳裡一連坐上幾個小時，直到深夜，聆聽柴油火車頭轉換軌道以及郵包裝載的聲音，只有手上英國國鐵的可可飲料以及孤獨一人的浪漫心情作為心理的支撐。像這樣凌晨兩點的深夜在倫敦遊蕩，天知道我的父母這時會想像我在做什麼。但如果他們知道真相，恐怕要擔更大的心。

我生晚了一些，沒能趕上蒸氣火車時代引發的那種震撼與狂喜。英國鐵路網太快就改換成柴油火車頭（而不是電氣化；這個政策上的錯誤讓英鐵今天還在付出代價）。雖然在我上學的最早幾年裡，滑過克拉博姆交匯站的知名長途特快車，仍然由極其壯觀的末代蒸氣火車頭牽引，但是我所搭乘的絕大多數火車都已經完全是「現代」的火車頭了。儘管如此，拜英國國營鐵路長期的投資不足之賜，絕大多數車廂仍然是兩次大戰之間建造的，有些甚至是一九一四年之前的古董。車內是一個個

4 多佛是英國在英吉利海峽邊的港市，也是距離法國最近的地點；英法海底隧道在這裡過海。福克斯通也在海邊，但是離多佛還有數哩之遙。

封閉的包廂（每四節車為一組，會設置一個女士專用包廂），沒有廁所，車窗的高低由一條皮帶調節，皮帶上有一排洞，可以用掛在門上的一個鉤來加以固定。即使在二等或三等包廂，座位也裝配了帶有蘇格蘭呢質感的軟墊，讓穿著短褲、大腿沒有遮蔽的小學生覺得刺癢；但是在那些潮溼與冰冷的冬日裡，這樣的坐墊倒是溫暖且舒適的。

當我說，我的火車之旅帶給我孤獨的體驗，這自然頗為矛盾。火車，用法文來說，是transports en commun（公共交通）：從十九世紀早期開始，火車在設計上就是針對沒有能力負擔私人交通費用的大眾提供一種集體旅行的辦法；在往後的年代裡，也提供奢華的車內空間，以吸引願意支付較高價格的富裕人士前來使用。通過對不同水平的舒適度、方便性與服務內容進行區隔與分別命名，火車實際上創造了現代的社會階級。隨便一張早期的火車圖片都看得出來，在一段很長的時間裡，火車都是擁擠且不舒適的，除非你夠幸運可以搭頭等車廂。但是到了我的時代，二等車廂的舒適度即便是體面的中產階級也頗為滿意。而且這些人在車上是不太與他人交談的。所以，在那段行動電話尚未發明、公共場合仍然禁止收聽電晶體收音機（即便有人違犯也只需列車長出面就足以制止）的美妙時光裡，火車上是一個優雅且安靜的地方。

後來，當英國的鐵路系統逐漸沒落，搭火車在國內旅行就喪失了部分的吸引力。鐵路公司的民營化、車站空間的商業利用、鐵路職員不再那麼奉獻與投入，在在都讓我從對火車的幻夢中清醒過來。在美國搭火車旅行的經驗，也幾乎談不上能重建什麼回憶或熱情。然而在同一時期裡，歐陸上公有的鐵路系統卻跨入一段大幅投資與創新的美好時代，而且很大程度保留了早期路網與系統獨特的服務品質。

所以，到瑞士旅行，就會了解，效率與傳統如何可以完美結合，以創造社會福祉。不論是巴黎東站或米蘭中央車站，蘇黎世車站或布達佩斯東站，全都是十九世紀都市設計與功能建築的偉大紀念碑：只要比較一下紐約丟人現眼的賓州車站[5]未來會怎樣，或者看一下幾乎任何現代的飛機場，就能理解這一點。在最好的條件下，火車站——從倫敦的聖潘克拉斯車站到柏林壯觀的新總站——就是現代生活最具代

5 紐約曼哈頓的賓州車站建於一九一〇年，為宏偉的羅馬拱式建築，於一九六三年因商業開發而拆毀，車站地下化，地面改建成現在的賓州大樓與麥迪遜廣場花園兩棟大樓。

表性的展現；這也是為什麼火車站能持續存在這麼久，而且仍一直把設計之初就被賦予的任務執行地這麼好。今天回想起來，滑鐵盧車站之於我，就像鄉間小教堂與巴洛克大教堂之於許多詩人與藝術家：那是我靈感的泉源。為何不是呢？那許多由金屬與玻璃建造的維多利亞車站，難道不就是當今時代的大教堂嗎？

我長久以來一直計劃要寫一本談火車的書。我想某種程度我已經付諸實現了，至少部分說來是如此。如果我在《戰後歐洲六十年》一書裡對當代歐洲歷史的陳述有任何特別之處的話，那就是——至少我希望是——對於空間有意在言外的強調：也就是一種在小小的次大陸有限的框架內，對區域、距離、差異以及對照的意識。我想，我之所以有這種空間意識，是來自於從火車窗漫無目的地向外凝視，以及在我下車的車站裡仔細地觀察充滿對照的各種光影與聲音。要「思索」奧地利或比利時，對我來說，最簡單的方式，就是在維也納西站或布魯塞爾南站周遭悠閒地散步，並尋思這個經驗本身；至於其間所牽涉的距離，就更不待言。這當然不是掌握一個社會與一個文化唯一的辦法，但這個方式對我總是有效。

或許我的病最讓我感到沮喪的結果——甚至比病症本身日復一日的惡化都還要

嚴重——就是意識到，我將再也不能搭火車。這件事像一條覆在身上的鉛毯，不斷地把我往更深的憂鬱裡推去，讓我注意到真正的不治之症必有的終點——也就是了解到，有些事情將永遠不再了。這個「不再」不僅僅是損失一些樂趣，少掉一點自由，更不只是被禁止獲得新的經驗。照里爾克的說法，這所構成的不是別的，而是不折不扣的自我喪失——或者至少是自我當中較好的部分、那個最容易找到滿足與平靜的部分的喪失。再也見不到滑鐵盧車站，見不到鄉間小車站，再也沒有火車上的獨處：再也沒有變化（becoming），所剩的只是不堪忍耐的存在（being）。

9

華爾頓勛爵
The Lord Warden

我們現在都是歐洲人了。英國人旅遊地點遍及歐洲大陸各地，而英國也是歐洲人——從波蘭到葡萄牙——排名領先的觀光去處，以及尋找就業的熱門國家。今天的旅行者登機或搭火車前不會考慮再三，即便他不久之前才抵達布魯塞爾、布達佩斯或巴塞隆納。誠然，三個歐洲人裡就有一個從未離開自己的國家。但是所有其他人出國是如此地輕易與不經考慮，完全把這一點平衡過來。就連歐陸內部的國界也已經崩解了：有時候要過了好一會兒，你才會發現原來已經進入另一個國家。

但事情並非向來如此。在我倫敦的童年時期，「歐洲」是個適合稀奇古怪假期的遠方。那時候，「歐洲大陸」是個陌生之地。相較之下，我對紐西蘭或印度遠遠更加了解——每一本小學課本上都有教導這些帝國地理。大多數人從未冒險出國：他們多半在英國沿海颳著海風的休憩地度假，或者到家附近氣氛熱烈的假日營地。像我們跨過英吉利海峽這麼多次的家庭（或許跟我父親在比利時度過的童年有關？），是非常特別的。無論如何，在我家這個收入級距裡，很少有人會這麼做。

上層名流去巴黎是搭飛機；普通的凡人則乘船。從南安普敦、樸次茅斯、紐黑文、福克斯通、哈里奇、甚至更北的港口，都有渡輪可搭，但是最好的（也是遠遠最多人選擇的）路線是橫跨海峽最窄之處，也就是從多佛搭往加來或布洛涅。英法兩國的鐵路公司（法國是法國國鐵）壟斷了這條跨海的航線，直到六〇年代為止。法國國鐵仍然使用一艘二戰以前的蒸氣輪船「迪那爾號」[1]，要渡海的汽車必須用起重機一輛一輛吊到甲板上。這個過程異常耗時，儘管那時候使用這種服務的車子非常少。所以我家總是儘量安排旅程，好趕上英國國鐵的旗艦渡輪華爾頓勛爵號出發的時間。

跟迪那爾號不同——迪那爾船身並不大，海上一起風浪就又搖又顛簸地非常嚇人——華爾頓勛爵號是一艘結實的大船：能載運一千名乘客與一百二十輛汽車。船名來自以五港同盟為領地的華爾頓勛爵：西元一一五五年五個海港聚落同意向英國王室提供服務，並獲得貿易特權作為回饋。從多佛到加來（加來在一三四七年至一五五八年之間屬於英國）的渡船服務也可以追溯到同一個年代，所以這個船名取得十分恰當[2]。

依照我的記憶，一九五一年下水、直到一九七九年才退役的華爾頓勛爵是一艘空間寬闊的現代船隻。從巨大的貨艙、明亮寬敞的用餐空間到設有人造皮椅的休憩廳，這艘船散發出遊歷冒險與豪華享受的訊息。我總是急忙地把父母拉去吃早餐，搶下一張靠窗的桌子，目不轉睛地盯著非常傳統的菜單。在家裡我們吃不加糖的麥片，喝無糖的果汁，抹在小麥吐司上的奶油不能太多。但是現在是渡假，不是保健時間，這些規定都會放鬆一點。

半個世紀之後，我仍然把歐陸的旅遊跟英國早餐連結在一起：煎蛋、培根、香

1 迪那爾是法國西海岸的休憩地。
2 這五個港市分佈在英國東南沿海，多佛是其中之一。今天華爾頓勛爵這個爵位已經成為儀式性的榮譽頭銜，二〇二四年六月授予海軍上將喬治・麥可・桑必立爵士（Sir George Michael Zambellas）。

腸、番茄、豆子、白吐司、果醬，還有英國國鐵的可可飲料，堆在印有船名跟老闆姓名的白色餐盤上，由幽默風趣的侍者送上——這些人很多是從戰時的商船隊退役下來的倫敦東區佬。用過早餐之後，我們會費力地攀爬到寬闊但冰冷的甲板上（在那些年代裡，英吉利海峽讓我覺得是毫不容情的寒冷），並迫不及待地眺望著海平線：那是灰鼻角[3]嗎？布洛涅看上去明亮且晴朗，跟籠罩在低垂雨霧下的多佛形成強烈對比。下船的時候你會有一種經歷了漫長旅途的錯覺，不是踏上了陰寒的皮卡地[4]，而是來到充滿異國風情的南方。

❖ ❖ ❖

當時的布洛涅跟多佛頗為不同，但是那種差異今天並不容易傳達。語言更是南轅北轍：儘管經過一千年的溝通與交易，這兩個市鎮的大多數人口都只會一種語言。商店看上去很不一樣：法國仍顯著地比英國貧窮許多，至少整體來說是如此。但是我們有物資管制而他們沒有，所以即使是最不起眼的法國雜貨店也會販售英國遊客在國內沒看過也買不到的食品跟飲料，讓英國遊客心生羨慕。我還記得我最早是怎麼注意到法國的氣味如何與英國不同：多佛主要的氣味是煎炒油與柴油的混和，布洛涅似乎是瀰漫著醃魚的氣味。

渡過海峽並不一定要開車（儘管一艘載車渡輪的啟用，預示了日後將是汽車的時代）。你可以從倫敦的查令十字車站搭銜接火車到多佛港，走上渡輪，然後在法國從步橋下船，直接走進一個破舊的老車站，就會看到法國國鐵沉悶的綠色標誌以及呆板的車廂已經在等候著你。經濟較為寬裕或喜歡浪漫的旅客可以選擇金箭列車：每日從倫敦的維多利亞車站開往巴黎北站的特快車（自一九二九年起開始運轉）；火車車廂由專門載運的渡輪送到對岸，乘客在跨過海峽的過程中可以舒適地留在自己的座位上。

3 灰鼻角位於北法，在加來附近，伸入英吉利海峽，是法國距離英國最近的海角。

4 皮卡地是法國北部大區（région）。大區是法國的一級行政區，有二十七個，第二級為省（département），有一百零一個。加來位於「北部—加來海峽」大區（Nord-Pas-de-Calais），在皮卡地之北。

一旦渡輪離開近岸海域，船上的事務長就會用擴音系統宣佈，「商店」已經開放購物了。我得強調，所謂「商店」不過是主甲板盡頭的一個狹小儲藏室，上面有個小小發亮的標誌，僅有一位收銀員在裡面工作。要買東西的人得先排隊，提出申請，再等待領取你的貨品（像個在瑞典酒類公賣店[5]裡排隊的酒鬼，挺令人尷尬的）——當然，除非你訂購的數量超過了免稅範圍；那樣的話，收銀員會告知狀況，並請你再考慮一下。

這個商店在往法國的路上能做的生意並不多：華爾頓勛爵號所提供的商品，大多都能在法國或比利時買到，而且更便宜。但是在返回多佛的航程上，這個小窗口的生意只能用熱鬧滾滾來形容。返國的英國旅客有資格在一個嚴格限制的額度內購買免稅的酒精與香菸，所以他們能買多少就買多少，因為在國內購買要稅外加。既然商店最多只開放四十五分鐘，船公司的獲利很有限，所以這顯然更像是一種服務，而不是核心業務。

一九六〇年代晚期到一九七〇年代，渡輪一度受到氣墊船的問世所威脅：一種浮在一個大氣泡上、並由一對推進器推動的飛機與船的混合體。氣墊船公司一直無法明確地決定自己的定位：這是一個六〇年代典型的失誤。順應著時代潮流，他們主打的廣告形象是效率與現代——「有個氣墊出海更穩健」（It's a lot less Bovver with a Hover）——但是他們的「候船大廳」像是粗陋且不保證有機位的飛機場。載具本身——由於在波浪間跳躍行進時乘客必須留在座位上而且客艙狹小簡直要引發幽閉恐懼症——擁有海上旅行的所有缺點，卻沒有了主要的美妙之處。沒有人想要搭乘。

今天，橫渡英吉利海峽的服務是由比華爾頓勛爵號大上好幾倍的新船來提供。空間的配置已經非常不同：正式的用餐室相對地小，而且使用率偏低，與麥當勞之類的速食店根本不能比。船上還有電動遊樂場、頭等休息室（在門口付錢即可使用）、兒童遊戲區、大有改善的廁所等等，以及一個可以讓賽福威超市相形見絀的免稅商場。這是很可以理解的：既然已經有海底汽車隧道與火車隧道，更別提極度競爭的廉價航空，今天還會搭船的乘客就是為了消費。

從前我們總是衝到早餐室搶一張靠窗的桌子坐下來，今天的渡輪乘客則把搭乘

5 瑞典酒類公賣店是瑞典國營的酒類連鎖店，也是唯一可以販售酒精含量超過百分之三點五酒類的的零售商。未滿二十歲的顧客不得購買。

的時間（還有可觀的金錢）花在選購香水、巧克力、葡萄酒、烈酒以及香菸上。拜海峽兩岸的稅制改變之賜，今天已經沒有免稅購物可以帶來顯著的經濟利益了：人們買這些東西，單純是因為消費的樂趣而已[6]。

❖❖❖

所以，懷舊的旅客最好避開這些渡輪。不久之前我想要從甲板上觀看渡輪駛入加來港口的光景，結果工作人員用尖酸的語氣告訴我，現在所有主甲板都是禁止進入的；如果一定要走出船艙的話，那我得到船尾一個較低的平台上，那裡有一個用繩索圈圍起來的區域，一些跟我一樣的怪人都在那裡。但是從那裡什麼都看不見。這個訊息非常清楚：遊客不可以浪費時間在甲板上漫步（順便省錢）。所有較短的航程無一例外都貫徹這個政策：這是船公司維持償債能力的唯一希望（法國人經營的布列塔尼渡輪則做了不合時宜且值得讚賞的事：他們的甲板是開放的）。

英國旅客站在甲板上流著淚，看著多佛的岩礁越來越近，彼此慶幸打贏了戰爭，說著能回來享用「真正的英國食物」是多麼美好的事——那樣的日子早已過去。但是即便今天布洛涅看起來已經跟多佛十分相似（悲傷的是，多佛仍然只像自己），橫跨海峽之旅仍繼續告訴我們許多關於兩邊的事。

在賠本銷售的當日來回票誘惑之下，英國人爭相湧向法國，大批購買價廉的葡萄酒，法國乳酪塞滿了一個個行李箱，低稅香菸也是一箱疊著一箱。他們大多數搭火車，有的還連同汽車，穿過海底隧道。一到法國，他們面對的不再是一度令人望而生畏的成排海關官員，而是一家又一家、蟠踞了從敦克爾克到迪耶普所有丘頂的超大賣場。

這些賣場裡的商品參考了英國人的喜好，商品標示也使用英文；這種跨海峽的生意賺取了巨額的利潤。再也沒有人需要在一位板著臉的銷售小姐面前因為買了最高限額的威士忌[7]而感到些微的羞愧。這些英國遊客當中，只有相對少數會留久一點或繼續往南。真的要再往南一點的話，他們大概會選擇瑞安航空，票價只

6 作者寫作本書時，英國尚未退出歐盟。

7 英國還在歐盟時，從同屬歐盟的其他國家帶烈酒返英的最高限額達到十公升。

要火車的一半。

到國外旅行，只為了大批採購低價的消費品——難道現在只有英國人還這麼做嗎？你不會看到荷蘭的家庭主婦把哈里奇的特易購大賣場貨架一掃而空。紐黑文不是購物天堂，迪耶普的女士們並不會來光顧。在多佛下車的歐陸旅客不會在這裡浪費時間，而是立刻前往倫敦，他們的主要目標。曾經有一度歐洲人來英國觀光只為了尋訪歷史的遺跡、紀念建築以及文化，現在他們也成群湧向英國無處不在的購物商場，在冬季特賣中大血拼了。

歐盟大多數的居民對歐盟的體認永遠不會超出這些購物朝聖活動的範圍之外。但是「鄰近」有可能是誤導的：有時候，跟你的鄰居對於「何謂外國」擁有共同的且互相清楚的理解，是更好的事。為此我們需要一趟旅行：需要時間與空間的歷程，以便在其中安置各種變化與差異的象徵，並將之放入內心——邊境警察、聽不懂的外語、陌生的食物等等。即便是難以消化的英國早餐，也可能喚起對法國的記憶，並且難以置信地爬升到記憶中的瑪德蓮小蛋糕的地位。我很想念華爾頓勛爵號。

第二部
Part Two

10

喬 Joe

我討厭上學。從一九五九年到六五年，我上巴特錫的伊曼努爾中學。維多利亞時代的學校建築座落於從克拉博姆交匯站往南伸出的鐵軌之間。火車經過的聲音跟景象（當時還是蒸氣火車）給我帶來些許調劑，但是除此之外，一切都是無止盡的呆板無聊。老建築的內部漆的是刻板的乳白與綠色，非常像十九世紀的醫院與監獄，事實上學校也是依照這些範例而建造的。戰後的一些裝修，因為使用了便宜的材料與不恰當的隔層，狀況很不好。運動場雖然寬闊且有綠意，卻讓我覺得冰冷與不友善：毫無疑問，因為我漸漸把這些跟令人不開心的強身基督教[1]連結在一起。

這個叫人沮喪的機構，我一個星期得去六次（星期六早上的英式橄欖球是強迫參加的），前後將近七年，而我父母親完全不用花一毛錢。伊曼努爾是「直接補助學校」：一所獨立、自我管理、由地方政府資助的中學；任何在十一歲學童全國考試（所謂的「11+」）中獲得優秀成績的男孩，再經面試錄取，就能入學。這類直接補助學校常有悠久可敬的歷史（伊曼努爾於伊莉莎白女王一世時期創校），等級不下於英國著名的公學與公立的文法中學[2]——直接補助中學的課程與後者非常接近。

但是因為大多數直接補助學校不收學費，以及通常是非住宿學校，所以去就讀的大多都是當地人，家庭背景在社會階層上遠遠比不上溫徹斯特、西敏寺或伊頓等知名公學的學生家庭。伊曼紐爾的學生多來自倫敦南區的低階中產，少數來自勞工階級家庭，但也有零星幾個來自較遠市郊的證券商、銀行家等家庭——他們選擇把孩子送到市區內的日間學校，而不是去讀傳統的住宿公學。

當我在一九五九年入學時，伊曼紐爾的老師有許多是從第一次世界大戰結束後就在那裡教書了，包括校長、副校長（主要職責是每星期監督第六學級級長[3]鞭打反抗管教的小男孩）、低年級班老師，還有我的第一個英文老師。這位先生於一九二〇年開始任教，但是他的教育方法毫無疑問是狄更斯小說裡描寫的那一種，課堂上大多數的時間都用於大發脾氣，把十二歲學生們的耳朵擰過來扭過去。除了疼痛，我無法記起他在那一年裡說過的任何事，或者我們讀過的任何東西。

年輕一點的老師就好一點。那些年我受到很好的英國文學和數學教育，歷史、法語和拉丁語的課程也堪稱滿意，但是科學就停留在十九世紀，教條式的灌輸也很枯燥（如果那時有人能對我們展示當代的生物與物理理論的話，我或許也會對那些知識充滿渴求）。體育是不受重視的，至少依照美國的標準來說：我們每星期只有一堂體育課，其中大部分的時間都花在排隊等待上鞍馬或體操墊。我學了一點拳擊（為了讓我父親高興，因為他曾經打過相當時間的拳擊，而且頗為成功）；短跑我算差強人意；英式橄欖球——這一點出乎所有人意料——我比平均水平要好。但是這些活動從未激起我的想像，或者提振我的精神。

1 強身基督教，維多利亞時代開始發軔的基督教運動，強調對教義虔敬的同時也要強健體魄。傳到美國後為許多私立學校、基督教青年會（ＹＭＣＡ）與福音教派所採用，促進了籃球與排球的發展。今天的美式足球、職棒大聯盟與職業籃球場中，經常出現球員在得分後跪下禱告或手指上天，便是這種精神的體現。

2 文法中學著重古典語言教育與學術導向；公學性質與文法中學類似，但是是私立的。

3 第六學級是英國中學最後兩年，學生年紀約十六到十八歲。級長是協助老師管教年幼學生的高年級生。

最引不起我興趣的是荒謬的「聯合學員軍」[4]：小男孩們得進行基本的軍事訓練，以及學習使用李—埃菲爾德式步槍（一九一六年被派發給英國軍人時就已經過時）。將近五年的時間裡，每星期二我要穿一種簡化版的一戰英國陸軍制服上學，忍受著同車乘客覺得好笑的目光，以及街上女孩子壓低的咯咯笑聲。我們身著讓人熱得發昏的戰鬥裝坐一整天，只為了下課後到板球球場上，做毫無意義的隊列行進操練，讓我們的「士官長」們（即較高年級的學生）騷擾與霸凌，以及讓「軍官」們對著我們鬼吼鬼叫（這些穿著軍服的老師以傷害我們為代價，非常熱中於重溫他們的軍旅經驗）。這整個經驗應該會讓我想起哈謝克的《好兵帥克》，如果當時有人想到可以指點我去讀這本書的話。

我之所以被送到伊曼努爾中學，是因為我的小學校長女士忘記幫我準備聖保羅中學的入學考試；聖保羅才是那時候真正第一名的、所有表現最好的學生會去讀的「公立」非住宿中學。我想我不曾告訴我的母親或父親我在學校裡是多麼不快樂，除了曾經一次或兩次跟他們講到學校裡流行的反猶風氣：在那個年代裡，倫敦的少數「族裔」是非常少的，猶太人是外來者當中最顯著的一群。一千多個學生的學校裡，我們的人數只有十個左右；低級的反猶毀謗跟辱罵十分常見，也不會特別令人感到不妥。

我逃出學校要拜國王學院之賜。在我的劍橋入學考試裡，我不止考了歷史，還考了法文與德文，因此被我未來的老師們評定為程度高於高中畢業考試的水平。在得知結果後，我馬上寫信去國王學院，問我可不可以免考高級程度考試[5]。「可以」，對方回答。於是，得到回答的當天我就走進學校辦公室，宣佈我要退學。我無比快樂，回想起來也沒有遺憾。

4 聯合學員軍是英國軍方在各級學校設置的組織，讓未來有興趣投考軍校或從事軍旅的學生接觸軍事訓練。在賈德的學校顯然是強制的，但現在是志願參加。

5 全名為「普通中等教育證書高等程度考試」，是英國中學生畢業時考的全國會考，學生根據考試成績申請大學入學。但是大學也可以根據自己的入學考試錄取學生。

也許除了一件事。在伊曼努爾第四年開學時，我因為選了「文學藝術」組，而必須在德文跟古希臘文之間二選一。我跟其他人一樣從第一年就上了法文與拉丁文課，但是十四歲時我被評定為可以進行「嚴肅」的語言學習。我沒有想太多，就選了德文。

在那時候的伊曼努爾中學教授德文的是保羅．克拉多克老師；三代的學生都叫他「喬」。他瘦削、不愛與人來往，似乎在戰時遭遇過什麼我們不太了解的事但倖存下來——至少可以用來解釋他為何脾氣難以捉摸，又顯然毫無幽默感。喬非常善於譏諷荒謬之事，而且他——我日後漸漸明白——其實是一個深懷同情心的人。但是他的外表——從尺寸過大的雕花皮鞋到凌亂稀薄的頭髮，身高整整有一米八——對十來歲的男孩們來說十分嚇人：就一個中學老師來說則是非常可貴的資產。

密集學習德文僅僅兩年，我就獲得很強的語言能力跟表達自信。喬的教學方式並沒有什麼神秘之處。我們每天花好幾個小時在課堂上以及在家裡學習文法、字彙以及風格。每天都有記憶、推理跟理解的小考。做錯會受到無情的處罰：二十個字彙只答出十八個會被罵「蠢蛋！」，一段複雜的文學文本如果沒有完全理解，你就是「昏暗得像一盞退伍軍人聯誼會的燈！」（dim as a Toc-H lamp![6]）（一個我們這群一九四八年前後出生的男孩多少還聽得懂的、與二次大戰有關的指涉）。繳交的家庭作業如果沒有百分之百正確，注定要領教老師（同時劇烈地搖晃著他的頭和灰白的頭髮）連珠炮般的咆哮跟責罵，然後再乖乖地接受數小時的留校，並罰寫更多的文法練習。

我們非常怕喬——然而我們也敬愛他。每次他走進教室，那瘦骨嶙峋的四肢，叮噹作響的鈕扣，兇惡犀利的眼光，彷彿顫抖的身體，都會讓我們滿懷期待地安靜下來。他不稱讚，不用溫暖柔和的語言親近學生，批評責難時也從不留情。他大步走向講桌，把書重重甩在桌上，把自己猛然投向黑板（或者把粉筆猛然投向某個注意力不夠集中的孩子），然後把他的一切交給我們——五十分鐘密集的、片刻不停的、扎扎實實的語言教學。在拉丁課，我們還要忍耐著《高盧戰記》；在法文課，我們花了五年的時間為一般水平國家考試做準備，連聖·艾修伯里或其他同樣容易

6 Toc-H是一九一五年英軍牧師塔比·克雷頓（Tubby Clayton）在比利時為戰士成立的慈善組織，組織的象徵是一盞稱之為「永續之燈」的油燈，因為油燈的光亮微弱，後來用在罵人笨上面。

的文章都讀得結結巴巴。但是德文課第二年才上到一半，喬已經讓我們非常流暢且興味盎然地閱讀卡夫卡的《變形記》。

儘管我是德文班上（相對）較弱的學生（因為這時對錫安主義的興趣佔去我不少時間），但是我的德文一般水平考試拿到我所有科目裡次好的分數（遠比我後來考的法文或歷史好），也是那次德文考試的第二名。喬不改本色地對我表示失望。為什麼他教的孩子拿不到全國第一？他不能理解。四十五年過去了，我一直能說還算不錯的德語，儘管如果太久不用的話，會有短暫的記憶失誤。我真希望我後來學的其他語文也都能像德文這樣。

❖ ❖ ❖

今天不可能有喬這樣的老師。他很幸運，不必在現在的高中裡教書謀生——即便按照那個年代的標準，他的政治不正確也到了令人髮指的程度。他很懂得壟斷我們的注意力，也非常明白唯一可能挑戰這種壟斷的，是異性的吸引力。所以他殘暴地鎮壓學生們萌發中的情慾：「如果你要跟女孩子約會，就別來糟蹋我的時間！交女友你以後什麼時候都可以，但現在是你唯一能學習這個語言的機會，你不能兩個都要。如果讓我看到你們誰跟一個女生走在一起，那就滾出我的課堂！」我們班上那時只有一個人真的交了女朋友；他是如此害怕喬可能獲知她的存在，以至於那個可憐的女孩被禁止靠近我們學校兩哩範圍內。

今天，高中幾乎不教德文了。大家的共識似乎是，年輕的心智在同一時間只能處理一種語言，而且是愈容易的愈好。在美國高中，就跟在英國表現其差無比的綜合高中[7]一樣，各方面都鼓勵學生們要相信自己做的很好，或已經盡了自己所能；老師則被警告不得在所照管的學生當中做任何區隔。像喬那樣做是絕對行不通的；做的最好的不可以稱讚，表現較差的也不可以責罵。像「根本是垃圾！」或「地球的殘渣！」這樣的話，學生們幾乎是聽不到的。

恐懼沒那麼要緊，正如上完絲毫不打折扣的語言課後所得到的滿足也只是其

7 綜合高中指延緩升學與就業分流的學校，不能力招生也不能力分班。

次。在漫長的教學生涯裡，喬從未真正對一個學生動過手。事實上，他的教室就在公共澡堂旁邊，那裡是有同性戀傾向的副校長用來鞭打學生的地方，而喬從未掩飾他對這種行徑的鄙視。但是喬所擅長的表情恫嚇以及道德侮辱（「你這個徹底的廢物！」），今天的老師都不可能再用，即便他或她足夠機伶地掌握到其中訣竅。

在我對中學所有不愉快的記憶中，唯一毫無保留的正面部分，就是我花了兩年的時間，讓德文毫不容情地灌進我的腦裡——這對我是意義重大的。我想我並不是被虐待狂。如果我想起「喬」·克拉多克先生時會感到如此的溫情與感激，那並不只是因為他故意嚇唬我，或讓我在凌晨一點還要解讀德文句子，以免第二天被他當成「根本是垃圾！」趕出教室。那是因為他是我曾有過的最好的老師；而被好老師教，是對學校唯一值得回憶的事。

11

集體農場
Kibbutz

我的六〇年代過得跟當時的其他人不一樣。當然，我也熱衷於披頭四，一點大麻，政治抗議，以及性（最後這一項更多是想像而非實踐，但是我想在這一點上我是反映多數人經驗的，即便也有事後誇大的傾向）。但是說到投入政治行動，我在一九六二到六九年之間，跟主流非常不同：我全面擁抱了左翼錫安主義。一九六三、六五、六七年的夏天，我都在以色列的奇布茲[1]工作，其他大多數時間則在勞動錫安主義[2]的一個少年團擔任無薪的正式人員，進行宣傳推廣的工作。一九六四

1 以色列的集體農場，有共產主義性質。參加者都必須勞動、財產共享、報酬平等。

年夏天，我在法國西南部的一個領袖訓練營接受「培訓」；一九六六年的二月到七月，我在位於上加利利的馬哈納伊奇布茲全職工作。

這種堅決且強烈的情感教育一開始非常成功。至少當一九六七年夏天我在結束一個奇布茲的志願工作並加入以色列武裝部隊的後備軍時，我是一個完美的入伍兵：能言善道、信念堅定、而且奉行意識型態毫不妥協。像米蘭．昆德拉《笑忘書》裡圍著圓圈跳舞的人一樣，我縱情於參與志同道合的集體生活，把意見相左的人排除在外，欣慰地慶祝我們在精神、目標與衣著上的合一。我把猶太的榮譽理想化，還直觀地理解並複製錫安主義者對區隔與種族差異的強調。我甚至被邀請到巴黎的一場錫安主義少年大會上發表主題演講；演講中我痛斥吸菸是一種「布爾喬亞的偏差行為」，會對猶太青少年健康的戶外活動構成威脅。我很懷疑當時我是否真的相信自己所說的（畢竟我自己也吸菸）：但是我真的很會說話。

勞動錫安主義在當時仍然忠於其最初的教義；其要旨在於對猶太勞動的承諾：要把離散中的年輕猶太人從他們敗壞的、被同化的生活裡拯救出來，讓他們前往巴勒斯坦遙遠鄉下的集體屯墾區，以便在那裡創造（依照意識型態的說法是重現）一種活生生的猶太農民生活，既不受剝削也不剝削別人。以同等程度汲取了十九世紀初期的社會主義烏托邦，以及後來的俄國平等主義農村社會神話，勞動錫安主義如常見的那樣，分裂為許多彼此衝突的宗派信仰：有的人認為奇布茲的每個人都應該穿相同的衣服、共同撫養小孩、一起吃飯、使用完全相同的（但不是自己的）傢俱與家庭用品、甚至讀相同的書，並且在強制性的每週集會上集體決定他們生活的每一個面向。有些人對這個核心教義做了較寬鬆的調整，容許生活方式可以有些許的差異，甚至還容許有限度的私有財產。在奇布茲成員之間也存在各種細微差別，多半是由個人或家庭衝突發展出來的原教旨主義的嫌隙。

但是所有人都同意一個更為廣泛的道德目標：把猶太人帶回自己的土地上，並且使他們脫離無根的離散與敗壞。對一個新接觸錫安主義的十五歲倫敦少年來說，首次踏上奇布茲讓我的精神非常振奮。我看到的是披上最誘人外衣的「強身猶太教」[3]：健康、運動、生產力、集體目標、自給自足，以及自傲的分離主義。更不用說

2　猶太復國主義裡的左派，主張結合巴勒斯坦境內的猶太勞動階級來建立猶太國家，而非倚靠歐美強國的支持。

看到與自己同世代的奇布茲少年的風采：他們顯然完全沒有歐洲同儕身上一切的糾結與顧慮（當然也沒有後者所背負的大多數文化包袱，雖然這一點是到了後來才開始困擾我）。

❖ ❖ ❖

這種生活我很喜歡。在加利利湖畔潮溼的香蕉田裡，進行八小時體力上艱苦、智性上放鬆的勞動，中間點綴一些歌曲、遠足、冗長的教義討論（但是經過精心安排，以降低少年們排斥的風險，同時最大化共同目標的吸引力），始終處在性無需內疚的氛圍裡：在那個年代裡，奇布茲及其意識型態外圍組織，仍然保有二十世紀早期基進教派留下來的些許「自由的愛」的風氣。

實際上，這些都是守舊且相當保守的社群，他們用意識型態的堅持掩飾許多成員視野有限的事實。即使在一九六〇年中葉，情勢也已經很明白：以色列的經濟不再建立在小規模的國內農業上；而且左翼奇布茲運動極力避免僱用阿拉伯勞工，不但沒有提升他們平等主義的形象，反而阻絕了他們去面對中東生活裡麻煩的現實。我確定當時我並不了解所有這些問題，但是我確實記得，當時我已經感到納悶，為什麼在奇布茲待這麼久，卻連一個阿拉伯人都沒碰過，儘管以色列境內人口最密集的阿拉伯社群就在我們隔壁。

然而我當時確實很快理解到的是（即便沒有公開表示），奇布茲跟裡面的成員實際上是多麼的封閉。僅僅透過集體的自我管理或平等分配生活用品，並不會讓你更懂得人情世故或更能夠容忍他人。的確，當奇布茲助長了你超乎尋常且洋洋得意的自尊時，這種生活便催生出一種最糟糕的種族唯我論。

直到現在我都還記得，當我發現奇布茲夥伴們對外面的世界所知如此之少、也如此不關心時（除了會直接影響到他們或他們國家的事情以外），是多麼驚訝。他們主要關心農場的運作、鄰居的配偶，以及鄰居的財產（後兩者他們會嫉妒地拿

3 強身猶太教是猶太醫生、作家與政治家馬克思・諾爾道（Max Nordau）於一八九八年提出的概念，用以回應反猶人士對猶太人病弱無能的負面攻訐。概念的核心是提倡猶太人鍛鍊心智與力量，養成運動員般強壯的體格，改變猶太人形象，以為復興民族與猶太復國做出貢獻。

來與自己所有的做比較）。至於性解放，在我待過很長時間的兩個奇布茲裡，主要的功能是體現婚姻的不忠，以及造成隨之而來的閒言閒語和互相指責。在這些面向上，這些模範社會主義社群非常像中世紀的村落，誰要是成為集體非難的對象，就得承擔類似的後果。

由於有這些觀察，我很早就開始經驗到某種形式的認知不協調，正面衝撞著我的錫安主義幻想。一方面我深切地想要相信奇布茲是一種正確的生活方式，也是猶太信仰一種較好的具體展現；而且出於教條的信仰，好些年我都能輕易地讓自己確信這種生活具有原則性的美德。但是另一方面，我又積極地厭惡這種日子。在一週的工作結束後，我總迫不及待地想離開，不論是用走的還是跳上一部巴士趕去海法（距離最近的重要城市），然後在那裡消磨安息日的時光，貪婪地吞著酸奶酪，並在碼頭上惆悵地凝視著開往各地的客輪：法馬古斯塔、伊茲密爾、布林迪西以及其他國際化的目的地。在那些日子裡，以色列像是一座監獄，奇布茲則像一間過分擁擠的牢房。

11 集體農場 Kibbutz

❖ ❖ ❖

讓我從這種困惑中走出來的，是兩件頗為不同的事。當我的奇布茲夥伴得知我已經被劍橋大學接受，也打算去就讀時，都感到十分驚駭。整個「阿利亞」——即「移民以色列」——的文化，都預設你要切斷與離散地的一切連繫與返回的所有機會。那時候的少年運動領導者非常了解，一旦一名英國或法國的猶太青少年獲准在那裡讀完大學，那他或者她大概就永遠不會回到以色列了。

因此，官方的立場是，即將上大學的學生應該放棄他們在歐洲的入學資格，獻身於奇布茲，做幾年採柳橙、開牽引機或分裝香蕉的工作，然後，如果條件允許的話，再向社群提出接受高等教育的申請——而且條件是奇布茲將集體決定他可不可以讀，可以的話他應該從事什麼專業，重點當然落在以後他們將如何為團體效力。

總而言之，如果運氣好，我或許可以在二十五歲左右被送進以色列的學院就讀，讀的可能是電機工程，或者，如果真的非常幸運而且受到同志們眷愛的話，可以受訓成為一名小學歷史老師。十五歲時，這個職業展望曾經非常吸引我。但是兩年之後，由於我為了進入國王學院盡了如此大的努力，我已經不願意放棄這個機會，更不用說把我自己丟到農田生活裡。對於我的決定，整個奇布茲社群表示完全不能理解，而且毫不掩飾他們的鄙視。這當然只會讓我對社群主義民主的理論與實踐本已產生的疏離感越發擴大。

另一個讓我離開的動機，當然，就是六日戰爭之後我在戈蘭高地服役的經驗。我在那裡很驚訝地發現，大多數以色列人並非現代版的農耕社會主義者，而是年輕、充滿偏見的都會猶太人；他們跟歐洲或美國的都會猶太人並沒有兩樣，差別只在他們更沙文主義、更傲慢自大以及可以使用軍火。他們對剛剛被擊敗的阿拉伯人的態度讓我驚愕不已（剛好證明我在奇布茲度過的幾年只是個幻覺）。他們佔領與宰制阿拉伯土地時那種漫不經心的態度（後來的以色列也一直如此）在當時就讓我恐懼。當我返回加利利的哈庫克、當時我所居住的奇布茲時，我覺得自己像個陌生人。幾個星期後我就打包回到英國了。兩年之後，一九六九年，我跟當時的女友回到以色列，看看那裡還剩下什麼。在拜訪馬哈納伊奇布茲時，我遇到「烏利」，一位從前跟我一起採收柳橙的同伴。他完全不認我，甚至連一般的招呼都不打，而是從我們眼前經過，只停下來說了一句：「你們在這裡做什麼？」確實，要做什麼呢。

我並不認為那幾年是浪費或虛度。如果沒有別的，那段時光至少留給我大量的回憶；如果我只是順從普遍的風潮度過六〇年代，我從中汲取的教訓大概不會這麼豐富。當我進劍橋時，我已經實際體驗了（而且還領導了）一種意識型態運動，那是我大多數的同學最多只會在理論書上遇到的東西。我深刻了解什麼叫作「信徒」；我也同時知道，一個人為這種強烈的認同與毫無保留的忠誠要付出何種代價。還不到二十歲時，我已經經歷了成為、作為以及退出錫安主義者、馬克思主義者以及社群主義者身分的三個過程。對一個來自倫敦南區的十幾歲男孩來說，這個成就還不差。

所以，跟我大多數劍橋同學不同，我對新左派的熱潮及引誘已經免疫，新左派的激進副產品就不用說了：毛澤東思想、極左派、第三世界主義等等不一而足。出於相同的理由，我絲毫不受（以學生為核心的）反資本主義改造教條的影響，更不用說女性的馬克思主義或更普遍的性別政治所發出的誘人號召。那時候我對一切身分政治的所有形式全都保持懷疑，對關乎猶太的更是如此，這種懷疑一直未曾改變。勞動錫安主義（或許有些過早）把我變成了一個普世主義的社會民主主義信徒。

這是一個意料之外的結果；如果我的以色列老師們關注我後來的發展，一定都會被我嚇壞。但是他們當然不會這麼做。對他們來說，我已經不再獻身於大業，所以實質上跟「死掉」沒兩樣。

12

鋪床人
Bedder

我成長過程裡，家裡沒有請過傭人。這一點也不奇怪：首先我們是一個低階中產小家庭，住的向來都是低階中產的小房子。在二戰以前，這樣的家庭通常請得起一個女傭，有的還能多請一位廚師。當然，真正的中產階級過的日子還要好得多：一個有體面職業的男主人跟他的家人能輕易請得起負責樓上跟樓下的兩組傭人。但是一九五〇年代的稅制跟高漲的薪資讓所有人都僱不起家庭幫傭，除了最富裕的一群人之外。我的父母最多能做的，是為我請一位日間保姆（當我還小而我母親必須工作時），後來當我家經濟好轉，家裡還請過幾位換工姑娘[1]。最多再偶而請一位

1 換工姑娘（au pair girl）是從外國來到寄宿家庭幫忙做家事以領取津貼的年輕女孩。在歐洲，換工姑娘通常是一邊工作一邊學習當地語言。

清潔婦來打掃。此外就沒有了。

所以我到劍橋的時候，在這方面完全沒有心理準備。遵循悠久的傳統，牛津跟劍橋都聘僱了整組僕人，全部的工作就是照料年輕的男學生。在牛津，這樣的人被稱為「院僕」；在劍橋，被稱為「鋪床人」。名稱不同只是傳統使然，功能是完全一樣的（從字面看來，他們所提供的照料，有著微妙的不同）。鋪床人跟院僕一樣，職責包括生火（在使用開放式壁爐取暖的時代）、為年輕的男士們清掃房間、整理床鋪、更換被單、替他們採買小東西，以及一般來說，為他們提供一切在他們養成過程裡大概已經習慣享有的所有服務。

確實，在這些職務描述裡，還隱藏著其他預設。「牛劍」的學生大約被認為無法處理這些低下的事務：一方面因為他們從未自己做過，另一方面也因為他們的志向與興趣讓他們超越了對這些事務的關切。再者，或許最重要的是，鋪床人還要負責注意她照料的學生個人的德性與行為（牛津的院僕有時候是男性，儘管到了一九六〇年代男性院僕已經越來越少，但是在我經驗裡，劍橋的鋪床人清一色都是女性）。

我於一九六六年來到劍橋，這時候鋪床人的設置，以及她所擔負的職責，雖然還不至於完全不合時宜，但已經跟快速變遷的文化習慣處在一種張力越來越大的關係之中。至少在國王學院，已經有越來越多學生從來沒有親身接觸過家僕的經驗；當我們第一次遇到一位——至少在形式上——要聽我們「使喚」的女士，那真不是普通的困惑。

大多數鋪床人都是有一定年紀的女士，通常來自從很久以前（沒人知道究竟多久以前）就受僱於學院或大學的當地家庭。因此她們對於「服務」的文化，以及在這種主僕關係中牽涉到的權威與謙卑的相互作用，是極其嫻熟的。在一九六〇年代中期，學院的名冊上還能看到從一九一八年停戰協議簽署開始就在院裡服務的鋪床人。她們完全知道該怎麼對待十幾歲的男孩。由於比我們的母親都還要年長許多，她們輕易地就讓學生產生適當的尊敬與喜愛。

但是也有一些是新來的、較年輕的鋪床人。跟年紀較大的同事來自同一個社會階層，祖籍也同樣是東安格利亞的鄉下社區，她們無疑把我們看成不會做事與享受特權的外地人（也確實如此）。然而從我們的角度看來，她們才是真正奇特的生物：一個女孩，常常只比我們大個幾歲，一早就來敲門，並且在我們的臥室裡發揮她的功用。所謂「功用」當然只限於清理我們製造的髒亂：當莫普太太[2]（也可能是小姐）趴在我們腳邊這邊擦那邊抹，豐滿的曲線就在我們這些少年人伸手可及之處，然而除了幻想外完全不可碰觸，這時我們就會盡力模仿悠閒的紳士，看似漫不經心地跌進我們的扶手椅，開始喝咖啡與看報紙。

❖ ❖ ❖

當然，這些都瞞不過鋪床人，就像我們也都清楚這是怎麼回事——不過兩邊都有理由繼續假裝什麼事都不會發生。光是階級的禁忌就足以約束女方（更不用說會有丟掉工作的風險）。在大學生這方面，就算他對這類關係不會有過親身的經驗，他對這種社會習俗的學習曲線也會馬上升高。到了第一個學期結束時，我們彷彿本就來自富貴之家，知道怎樣對待指派過來的鋪床人。

如果發生了跟性有關的問題，鋪床人更大程度要負起固有的職責，以貫徹道德規範（她必須通報違規的情事）以及學院的行為準則。在當時牛津大多數的學院裡，女孩嚴格禁止在男孩的房裡過夜，而且在晚上十一點或更早之前就必須離開學院或宿舍：學院對於自身背負代替家長的職責是非常認真的。然而國王學院在這一點（以及其他許多面向）上有點不一樣：差別主要不在形式規範上，而是犯規程度稍大一些可以不受懲罰。

所以我們當中大多數人都曾在某個時候帶女孩回來過夜（偶而也有人接連帶不同的女孩回來，但是並非每個人都這麼福氣）：有的是就讀三個女子學院[3]的女同學，有的是實習老師，或者從城市來的護士——三不五時也有些來自家鄉倫敦。學院院長跟導師們都睜一隻眼閉一隻眼。身為放蕩不羈的文藝中產人士——即使不真的過這種生活，至少外表看來如此——對這些本來有賴他們貫徹的校規遭到違犯，他們也善意地一笑置之：他們清楚這個學院細心維護著一個激進異議的自我形象，

2 「莫普太太」是英國廣播公司從一九三九到四九年間的廣播喜劇《那個人又來了！》（*It's That Man Again!*）的劇中角色。「那個人」是二戰前後總是佔據新聞頭條的希特勒。莫普太太則在劇中負責辦公室清潔工作，她的經典台詞是「先生，我可以幫你打掃了嗎？」（Can I do you now, sir?）

3 劍橋大學有三所到現在仍只招收女生的學院：露西・卡文迪許、默里・愛德華茲和紐納姆。

也有一個性踰越的悠久傳統(儘管迄今都是同性戀的案例)。

當然,鋪床人看事情的角度不一樣。就像學院門房跟行政人員一樣,她們常常比她們的僱主在職位上待得更久。由於出身農村或勞動階級,她們也遠比知識與專業中產階級在道德上更為保守;她們在向僱主負責的同時,也發揮了非正式的監督作用。如果夾在行為不端的年輕學生跟寬容放縱的上級之間不知所措,幾十年前的鋪床人會訴諸道德常規跟公眾評斷。

但是在六〇年代,舊的規則已經不適用——或者至少越來越難以貫徹。所以一套新的不成文規定開始出現,很像末代的共產主義國家為了存活不得不採行的潛規則:我們假裝繼續守規矩,你們也假裝相信我們沒犯規。我想,即便在一九六八年,我們當中也不會有幾個人如此厚顏無恥,敢讓鋪床人不止看到女孩過夜的證據,還直接發現女孩本人。但是另一方面,我們也不再那麼為了維護派頭而消滅所有痕跡:偶而留下一件女生的衣服,或其他能顯示昨夜有人陪伴的證據,幾乎沒有受到校方譴責的風險。當著面我們會擺出一副模樣,好像鋪床人仍以為我們在過著沉思人生的僧侶生活,而鋪床人一面配合一面有點好笑,並不做任何事來戳破我們。

我只有一次給我的鋪床人製造麻煩：那個晚上我回到宿舍時醉得非常厲害——這不是我的風格，原因也已不復記憶——直接倒在床裡就睡著了，醒來時發現自己躺在大量的嘔吐物裡。次日一早，我的鋪床人蘿絲，一位經驗豐富且上了年紀的太太，一言不發地看了一眼，了解狀況後就開始工作。不到兩小時，我已經穿著乾淨的衣服，坐在扶手椅裡，手邊一杯咖啡，說話因為難為情而結結巴巴。蘿絲冷靜地處理，把我的床跟周邊恢復到平常一塵不染的狀態，一面若無其事地閒聊著她的媳婦在超級市場工作有多辛苦。之後她從未跟我提起這次事件，我也沒有再說起，我們的關係不受影響。

我想，那個聖誕節我應該有送蘿絲特別大的一盒巧克力。我一定不知道除此之外應該怎麼做：她不富有，收點錢應該很好用，但是學院不同意學生給小費，而且無論如何我並不比她更有錢。如果撇開文化的親近感，我跟她之間的差異是在未來的展望，而不是當時的經濟條件。我們都了解這一點，雖然她無疑看得比我更清楚。

十年之後，我變成學校當局了，換句話說，變成蘿絲的僱主。作為國王學院的一名成員，以及很短一段期間的副院長，在必要時斥責大學生過度不當的行為變成我的工作。在這個職位上，我曾經在一群七〇年代晚期的大學生跟一位鋪床人之間進行調解：這群有男有女的學生（國王學院於一九七二年開始招收女生）一大清早被看到在學院草皮上裸體嬉戲，而一名鋪床人為了他們下流的行徑覺得深受冒犯。學生們完全大惑不解：在後威權時代，他們完全不能理解怎麼會有人覺得這種行為有問題，或甚至「有失體面」。學生之一指出，他們又不是「在大馬路上做」（doing it in the road）[4]——他引用了保羅．麥卡尼的一句歌詞，預期一位六〇年代的學院成員應該能馬上了解。

但是那位鋪床人難過到無法安慰的地步。她並非沒有見過裸體。她看過一屆又一屆的年輕橄欖球隊員喝醉了，只穿著內褲在嬉鬧，直到倒在地上不省人事。但是這次不一樣。首先，這次事件女孩們也牽涉其中，這讓她不能接受。第二，沒有人有任何想要假裝、躲藏或遮一下身體的意思。然後第三，對於她的困窘，這些學生的反應是哈哈大笑。簡單地說，他們打破了既有的約定，讓她覺得受了侮辱。

當事的大學生們，如我後來理解到的，大多是從免費的公立高中畢業的。他們向上流動的機會很大，是普通家庭背景能受高等教育的第一代學生。這一點也讓鋪床人難以接受。被舊時代階級家庭出身的年輕人屈尊俯就地對待是一回事——第二天早上他們通常會道歉，並以小禮物的方式表達他們的後悔，或甚至給予一個親暱、表示自責的擁抱。然而新一代的學生把她當成平等的人——而這是傷害她情感最厲害的地方。鋪床人怎麼會跟劍橋大學生平等呢？永遠也不會。可是原本她至少可以依據學院的傳統，要求學生們——即便只是在學期間——在她面前要表現出克制與尊敬。如果這一點不再成立，那麼繼續當一名薪資過低的僕人有什麼意思呢？如此這就淪落為僅僅是一種僱用關係，那麼她去當地的罐頭工廠打工收入還比較高呢。

如果不是我自己在受教育時，趕上了「享受階級特權也需承擔義務」這條規則

4 引自披頭四一九六八年的單曲〈我們為什麼不在大馬路上做？〉（Why Don't We Do It in the Road?）。麥卡尼是在印度看到兩隻猴子若無其事地當街交尾，對這樣自然為之的簡單行為感到不可思議而寫出這首歌。

仍然適用的最後一個時代，那麼這次事件的細微不同，可能會連我也注意不到。我嘗試對學生們解釋——他們不過比我小十歲——為什麼這位中年女士會如此覺得受到冒犯與難過。但是他們唯一知道的說法是：奴役，哪怕是在一個口頭上人人平等的時代裡，只要通過契約就沒有什麼不對。作為受益者，他們當然不反對鋪床人制度。他們只是覺得這些女士的薪水應該提高一點：彷彿這樣她們就能習慣階級的損害、習慣虛榮心因地位的貶抑而受創——同時還讓這些作為主人的男孩跟女孩們，在床鋪由她們整理的同時，省去維持禮貌與體諒的義務。

這些學生忠實地反映了時代的性格。跟當今的經濟學者一樣，他們認為所有人類關係最好都化約成對自我利益的理性計算（儘管他們自己天真地堅持一些基進的偏好）。只要給鋪床人加兩倍薪，她就一定會對冒犯的行為視而不見了——對吧？

但是今天我回想起來，其實鋪床人比學生們更細緻地理解到人與人交往應有的根本道理。學生們只是——在不自知的情況下——機械地模仿了一種簡化版與貧乏版的資本主義想像：一種極大化私人利益、對社群與傳統漠不關心、如單子般存在的生產力個體所構成的理想模型。鋪床人理解的跟他們不一樣。她或許是半個文盲，或許沒有受過良好教育，但是她的直覺，讓她正確理解了何謂人情世故，這既由不明說的規矩維繫，也倚賴人與人相處的基本道德。她一定從來沒聽過亞當・斯密的名字，但是這位《道德情感理論》[5]的作者一定會為她大聲鼓掌。

5 斯密在本書的第一篇篇名即是〈論行為的適宜性〉。

13

昨日的巴黎
Paris Was Yesterday

法國知識分子哪裡去了？從前我們有卡繆：「法國書寫當中最獨樹一格的，是有長長一串的道德主義者；當代繼承了這個傳統的，就是卡繆。」（沙特語）我們有沙特他本人。我們有弗蘭索瓦．莫里亞克，雷蒙．阿宏，摩利斯．梅露龐蒂，以及「難以言喻的德．波娃女士」（阿宏語）。然後是羅蘭．巴特，米歇．傅柯，以及比較爭議性的皮耶．布赫迪厄。他們憑藉各自作為小說家、哲學家或甚至「文人」（men of letters）的表現而贏得很高的地位；但是他們也是——而且更是——法國知識分子。

當然，法國以外也有聲望非常高的人，比如約根．哈伯馬斯，或阿馬蒂亞．沈恩。但是當我們想到哈伯馬斯，第一時間想到的是他社會學家的身分。沈恩是過去半個世紀印度產出的頂尖知識分子，但他是以經濟學家的身分聞名世界。不然的話——我們再扯遠一點——像紀傑克，他那股修辭上的滔滔不絕，無意間透出某種對於主流原創論述的邊陲戲仿。談到紀傑克——或許還有安東尼奧．尼格里——這樣的知識分子時，他們就是以身為知識分子而聞名於世，就像派瑞絲．希爾頓[1]以知名人士聞名於世。

但是真說到這種類型的人，大家還是會想到法國，或者更準確地說，想到巴黎。阿蘭．芬克爾克霍特、茱莉亞．克里斯多娃、巴斯卡．布魯克納、安德烈．格魯克斯曼、何吉斯．德伯雷，以及貝爾納——亨利．萊維——他們是今天能見度最高的例子，藉著在一系列爭議性或時髦的爭論中持續發言而聲名鵲起。就像他們遠遠更為傑出的前輩一樣，他們每一個都具備一種能力：能以十足的把握，在非常可觀的領域內，對公共與文化事務進行論述。

為什麼這種事在巴黎會贏得這樣大的尊敬？我們很難想像一名美國或英國導演會拍一部像侯麥的《慕德之夜》那樣的電影，片中尚—路易．坦帝尼昂痛苦掙扎了幾乎兩小時，無法決定要不要跟弗蘭西絲．法比安上床，過程中包羅萬象地援引了

13 昨日的巴黎 Paris Was Yesterday

從巴斯卡的上帝存在論證到列寧主義革命辯證法的種種討論。在這裡，就跟那個時代許多法國電影一樣，推展劇情的並非行動，而是無法決定是否要行動。換成義大利導演，會加場床戲。若是德國導演，會添上政治。但是對法國人來說，只要理念就夠了。

法國知識界的魅力無可否認。在二十世紀的三〇到七〇年代，從布宜諾斯艾利斯到布加勒斯特，每一個有抱負的思想者都住在心中的巴黎。因為法國思想家穿黑衣、抽吉堂牌香菸、談著理論而且說法文，所以我們其他人就都照著做。我清楚地記得有一次在左岸的街上遇到我的英國同學，我很自覺地一開口就換成法文。誠然，這樣講話太考究（*précieux*）；但是規則就是這樣（*de rigueur*）。

「知識分子」一詞被這樣添上光彩，一定會讓民族主義者莫里斯．巴雷斯感到娛樂——他最早使用這個詞（以嘲笑的口吻）來指稱愛彌爾．左拉、萊昂．柏魯姆

1 派瑞絲．希爾頓（Paris Hilton, 1981-），美國社交名媛，希爾頓酒店創辦人的曾孫女，八卦版面的常客。每當某人的名氣並非來自天分或努力，而是來自出身或生活方式，這句「某人之所以有名，是因為他（她）很有名」就會被拿來指涉那個某人，派瑞絲正是代表性人物。

以及其他為「猶太叛徒」德雷福斯[2]辯護的人。從那時起，知識分子就一直介入敏感的公共議題，訴諸其學術或藝術地位所賦予的特殊權威（今天巴雷斯本人也算是「知識分子」了）。至於他們幾乎所有人都畢業於一個很小但聲望崇隆的學校——法國高等師範學校——則並非巧合。

要了解法國知識分子的奧秘，就必須從高等師範說起。這所於一七九四年為了培訓中學老師而創建的學校，後來成了共和國養成菁英的溫床。在一八五〇與一九七〇年之間，差不多每一個有份量的法國男性知識分子（不久前才開始招收女性）都畢業於此。從巴斯德、沙特、愛彌爾・涂爾幹到喬治・龐畢度，從夏爾・佩吉到賈克・德希達（他在被入學考試刷掉後又考了進去，不是刷掉一次而是兩次）、從萊昂・柏魯姆到亨利・伯格森、羅曼・羅蘭、馬克・布洛赫、路易・阿杜塞、何吉斯・德伯雷、米歇・傅柯、貝爾納—亨利・萊維以及法國所有八位菲爾茲獎[3]得主，無一例外。

當我於一九七〇年以外國寄宿生的身分到巴黎時，高等師範仍然是高不可攀的學府。有別於法國通常的作法，高等師範是一間需要住宿且有封閉校園的學校，在第五區裡佔有一塊安靜的街區。每個學生會得到自己的小房間，宿舍是四方院的構造，中間圍著一個公園模樣的方形廣場。除了宿舍之外，學校還有休憩廳、研討教室、講堂、校園餐廳、社會科學圖書館，以及著名的文學圖書館：一座壯觀的開架式圖書館，在館藏與使用方便上無出其右。

美國讀者可能不太理解這意味著什麼，因為他們看慣了從康乃狄克到加州每一個「贈地大學」[4]都有館藏豐富的研究圖書館。這意味著：大多數法國大學都像是資金嚴重不足的社區大學。但是高等師範生的特殊待遇遠不止是圖書館跟住宿而已。要考進這所學校在當時（以及現在）是極其辛苦的事。任何高中畢業生想得到

2 德雷福斯（Alfred Drefus, 1859-1935），法國猶太裔軍官，因被誣指洩漏砲兵情報而受審被判有罪，遭到終身流放。當時以左拉為首的法國知識界、藝術界人士紛紛聲援德雷福斯，他因此獲得再審的機會，雖然仍被判有罪，但最後得到法國總統的特赦。

3 菲爾茲獎，正式名稱為國際傑出數學發現獎，是頒給年輕數學家最高榮譽的獎項（得獎人必須四十歲以下）。

4 贈地大學是根據一八六二到九〇年間的莫雷爾法案，由國會將聯邦政府所擁有的土地贈與各州來興辦教育機構，以讓勞工階級的子女有上大學的機會。

入學許可，必須多犧牲兩年的時間強力塞下（請聯想灌食肥鵝的景象）巨量的法國古典文化或現代科學，接著才會參加入學考試，所有考生會依照成績高低排列，然後公佈出來。最前面的一百名上下可以獲准進入高等師範就讀，而且如果他們畢業後為政府僱用的話，還等於得到確保的終身收入。

於是，在一個有六千萬人口的國家裡，這個精英的人文學院任何時候都只訓練三百名年輕人。就好像美國所有高中畢業生都經過一個篩選程序，只剩下不到一千人可以在一間汲取了哈佛、耶魯、普林斯頓、哥倫比亞、史丹佛、芝加哥與柏克萊大學的地位與聲望的學院裡讀書。所以，高等師範的學生自視甚高，一點也不令人意外。

我在高等師範遇到的年輕人，感覺上遠比我在劍橋的同學來得不成熟。拿到劍橋的入學許可也不是容易的事，但是這並不妨礙一個忙碌的少年過上正常生活。然而，沒有一個進入高等師範的學生可以不用為了這個目標而犧牲他相當長一段青少年的歲月；而且其影響清楚可見。我的法國同學硬生生地背下來的知識量是如此龐大，總是讓我感到驚訝；那種高度堆疊的旁徵博引有時幾乎是不可消化的。確實是鵝肝醬無誤。

然而這些剛起步的法國知識分子在文化上所獲得的，常常也讓他們欠缺想像力。我在高等師範的頭一次早餐頗能說明這一點。坐在一組沒刮鬍子、穿著睡衣的新鮮人對面，我低頭喝著咖啡。突然一個長得像少年托洛斯基的嚴肅年輕人探過頭來，（用法文）問我：「你的預備班[5]在哪裡唸的？」所謂預備班就是高中畢業後讀的密集準備班。我向他解釋我沒有上預備班：「我是從劍橋過來的。」「喔，所以你的預備班是在英國讀的。」「不是，」我試著再度解釋：「我們沒有這種預備班。我是直接從一所英國大學過來的。」

這位年輕人看著我，露出咄咄逼人的鄙視。他說，沒有經過預備班的準備，是不可能進到高等師範來的。既然你在這裡了，故你一定上過預備班。說完這句笛卡

5　法國的高等教育有兩個軌道，一個是綜合大學，有義務容納所有完成高中學業的學生，只要申請就能讀。在這之外，還有一個「大學校」（grandes écoles）的菁英系統，專精程度高於綜合大學，學生要通過非常困難的入學考試與口試才能錄取。為了準備這個考試，高中生畢業後還需要讀兩年預備班，學習負擔非常重。許多大學校畢業生被視為具有公務員資格，可以直接進入政府服務。

兒修辭的結論，他就轉過頭，去找更可敬的對象談話。對親眼所見與親耳所聽的證據不感興趣，但是把從第一原則導出的結論視為不容置疑，這種介於實證與推理之間的根本斷裂，讓我見識到法國知識生活的一個根本定理。

❖ ❖ ❖

一九七〇年時，高等師範裡有好幾個自封的「毛派」。其中一個是很有天賦的數學家。他花很大的力氣對我解釋，為什麼這間壯觀的文學圖書館應該被夷為平地：「讓我們把舊世界打個落花流水。」（Du passé faisons table rase.[6]）他的邏輯無懈可擊：舊世界確實對毫無限制的創新構成障礙。我想對他解釋，即便如此，打爛圖書館仍舊是錯誤的，但是完全不知道該怎麼說。最後我只說，以後他應該會改變看法。結果他責備我：「這是你的英國結論。」

我的毛派朋友跟他的同志們從來沒把圖書館燒成灰燼（雖然有個晚上他們嘗試過一次不怎麼熱血的進攻）。有別於德國與義大利的情況，法國學生運動的激進派從未跨過革命理論而走入暴力實踐。臆測一下為什麼如此，會是有趣的事：我在的那一年，暴力的修辭確實達到相當可觀的程度，毛派的高等師範生三不五時就「佔領」用餐大廳並且貼上各式標語：「牆上有話」(les murs ont la parole)。然而他們跟同一條街上不遠處的巴黎大學同樣「憤怒」的學生卻沒能串聯起來。

我們不用為此感到奇怪。那些時日在巴黎，高等師範生的身分賦予你頗為可觀的文化資產，如果用皮耶・布赫迪厄（也是一位高等師範生）的說法來表示的話。如果真把世界鬧個翻天地覆，高等師範的學生比絕大多數的歐洲學生有更多東西可以損失。而且他們清楚這一點。知識分子那種四處漂泊的世界主義者形象（實際上是從中歐傳來的）——一群多餘的人在一個冷漠的社會與高壓的國家裡格格不入——在法國從來不適用。沒有哪個地方的知識分子比法國知識分子更「待在自己的家裡」(chezeux)。

雷蒙・阿宏（他於一九二四年來到高等師範）在《回憶錄》裡寫道：「我從沒

6 國際歌的一句歌詞。

看過這麼多聰明的人聚集在一個這麼小的地方。」這句話我能同意。我所認識的大多數高等師範人後來都走上閃亮的學術或公職生涯（一個特殊的例外是貝爾納—亨利．萊維[7]，但是我想他也算是充分發揮了他的潛力）。但是除了特定顯著的例外，這些人一直都是高度同質性的一群人而沒有改變：他們有天分、自我中心、而且令人費解地守舊。

在我那個時代，巴黎是全世界知識生活的中心。今天，巴黎感覺起來像是國際對話的邊陲。法國知識分子偶而仍然產生一點熱度，但是他們發出的這種光到達我們這裡時，像是來自一個遙遠的——也許已經熄滅的太陽。作為一種徵候，今天有企圖心的法國青少年跟少女攻讀的是國家行政學校——培育新生代官僚的溫床。不然就去讀商業學校。年輕的高等師範人跟從前一樣出色，但是在公共領域裡不太扮演什麼角色（芬克爾克霍特、克里斯多娃、布魯克納以及格魯克斯曼都不是高等師範畢業的）。這實在頗為可惜。知識分子的光芒並非法國唯一的王牌，但是——就像另一個衰退中的寶貴資產，法文本身一樣——那光芒是獨特的。法國人現在滿足於變得像我們一樣，只保留一點點差別嗎？

對高等師範的這些回憶，讓我想起那位工程師（畢業於巴黎綜合理工學院，相當於應用科學領域的高等師範學校）：法國國王派他於一八三〇年到英國來觀察喬治．史帝文生的「火箭號」在新開通的曼徹斯特—利物浦線上實驗運轉。當那台小而結實的火車引擎無可挑剔地拉動世界上第一列軌道火車，在兩座城市之間來回行走時，這位法國先生坐在鐵軌旁做了大量的筆記。在認真勤懇地把所觀察到的計算過一遍之後，他把他的發現向巴黎當局報告：「這個東西是不可能的，」他寫道，「這根本行不通。」這，就是一個法國知識分子了。

7 萊維沒有在學院或政府裡任職，而是成為知名的自由作家、哲學家、公共知識分子與公眾人物。

14

革命分子 Revolutionaries

我於一九四八年出生在英國。這個時間夠晚，讓我躲過了當兵（徵兵最後一年時我還差了幾歲），但是正好趕上披頭四的熱潮：當他們以「Love Me Do」[1]一砲而紅的時候，我十四歲。三年後迷你裙問世：這時我的年紀已夠大，足以欣賞其妙處，但是也仍然夠小，以至於能佔到一點便宜。我在一個繁榮、安全與舒適的時代裡長大，因此，當一九六八年滿二十歲時，我非常反叛。就跟許多嬰兒潮世代的人一樣，我順從潮流進行了不順從的行動。

1 披頭四在一九六二年十月五日發行的第一首單曲。

毫無疑問，一九六〇年代對年輕人來說是個黃金時代。一切事物彷彿都以前所未見的速度在改變，而且整個世界似乎由年輕人主宰（這是可以在統計數字上得到驗證的）。另一方面，至少在英國，改變也可能是假象。工黨政府支持詹森總統打越戰；作為學生，我們激烈地反對。我記得在劍橋至少有過一次這樣的抗議：當時的國防部長丹尼斯．希萊前來演講；演說結束後，我們追著把他的座車趕出城外；我的一位朋友——他的太太現在是歐盟外交事務高級專員——甚至跳到引擎蓋上，憤怒地敲打車窗。

直到希萊的車加速逃走之後，我們才注意到時間已經很晚——幾分鐘後學院的晚餐就要開始，而我們不想缺席[2]。在返回劍橋的路上，我注意到身邊有一位制服警察一起快步走著；他是被指派來監視群眾的。我們彼此看著對方。「你覺得這場示威怎麼樣？」我問他。他從容地聽了問題，顯然不覺得有什麼奇特之處，回答道：「喔，我覺得進行得滿好的，先生。」

顯然劍橋並沒有即將發生革命的問題。倫敦也是。在惡名昭著的格羅夫納廣場示威裡（這次也是為了越戰——就跟許多那個時代的人一樣，我總是非常輕易就被動員去為了發生在數千哩以外的不正義而抗議），就在美國大使館外，一匹煩躁的警馬把我硬擠到一排鐵欄杆上。接著我感覺某種又暖又溼的東西沿著大腿往下流。是失禁嗎？還是受傷流血？沒這麼好運。結果是我口袋裡本來打算用來丟大使館的紅漆彈破掉了。

那天晚上我預計要去未來的岳母（一位在本能反應上絕對保守的德國女士）家晚餐。我非常懷疑，當我到了她家門口，我這副從腰間到腳踝都沾滿了黏稠紅色不明物質的模樣是否能改善她對我本來就頗有疑慮的觀感——她已經發現，跟她女兒約會的對象，就是當天下午她在電視上看到的那些討厭、邋遢、口中不斷高喊「胡—胡—胡志明」的左派分子其中之一；她很為此擔心。當然，我唯一遺憾的是，那是紅漆而不是血。喔，「讓那些布爾喬亞目瞪口呆吧！」（épater la bourgeoisie）。[3]

❖ ❖ ❖

2 因為是正式的，學生依規定必須參加。見第十六章。
3 十九世紀下半葉頹廢派詩人波特萊爾與韓波等人的集體口號。

14 革命分子 Revolutionaries

如果要看真的革命，當然，你得去巴黎。就像許多我當時的朋友跟同儕，我也在一九六八年春天去那裡參觀、去呼吸一口真實的革命。或者，就算不是真實的，但至少是高度逼真的表演。再或者，用雷蒙・阿宏質疑的語氣來形容，是在一個曾經依劇目上演過真正革命的舞台上，所進行的一場心理治療劇。因為巴黎真的曾經是革命的現場——事實上，我們對於革命這個詞彙的視覺想像，很大程度得自於我們自以為理解從一七八九到九四年間在那裡所發生的事件——要在政治、惡搞、仿作……以及表演之間加以區隔，有時候並不容易。

從一個角度來說，一切都如應該的那樣發生：鋪路石是真的，爭議也是真的（或至少足以讓參加者相信），暴力是真的，而且偶而也有真的傷亡。但是在另一個層次上，一切似乎並不是非常嚴重：即使在當時，我也覺得難以相信「在鋪路石的下面就是海灘」（Sous les pavés, la plage!）[4]，更不用說看到一大票無恥地關注夏季度假規劃的學生——在激烈的示威跟辯論當中，我記得許多人聊著假期要去古巴——認真地打算推翻戴高樂總統跟他的第五共和。不過儘管如此，既然衝上街頭的是自家小孩，許多法國評論者都聲稱自己深信此事可能成真，還表現出適切的焦慮。

無論用哪一種嚴格的標準來看，最後什麼事也沒發生，我們也全都回到了家。當時我覺得阿宏對示威的鄙視是不公平的——他的幾位教授同事，因為被自己年輕有魅力的學生們空洞無聊的陳腔濫調迷倒，所以熱烈地做了阿諛討好的發言、拚命想跟上隊伍，以至於讓阿宏消化不良。今天我會傾向贊同他的鄙視，但是回到當時，我覺得那有點太過分了。最讓阿宏惱怒的，似乎是每個人都玩得很開心。阿宏（儘管才智過人）沒能理解到的是：即便開心玩樂跟搞革命是兩回事，但許多革命確實是從嬉戲與笑聲中開始的。

一兩年後我去拜訪一位在德國大學讀書的朋友（我想是在哥廷根）。結果發現，「革命」在德國意味著非常不一樣的東西。沒有人玩得愉快。從一個英國人的眼中看來，他們每個人都嚴肅得難以形容——而且對於性的關注程度會嚇你一跳。這是我以前沒注意到的。關於性，英國學生想非常多，但實際做得少到讓人訝異；法國學生的性要活躍許多（就我感覺來說），但是把性跟政治分得很開。除了偶而高喊

4 法國六八年抗議的著名標語，鋪路石代表被打壓的生活，大意是把體制翻過來，就得自由。

「上床，不要上戰場」（make love, not war），法國人的政治是高度（甚至病態地）理論與枯燥的。女性的參與——如果真的有的話——侷限於沖咖啡跟陪睡覺（或者當作趴在肩膀上的視覺元素以便給新聞照片增添色彩）。難怪不久之後就出現了激進的女性主義。

但是在德國，政治談的就是性——而且性很大程度也牽扯政治。在拜訪一個學生團體的時候（我認識的所有德國學生似乎都住在一起，共同分享很大的老公寓以及彼此的伴侶），我很驚訝地發現，我這些德意志聯邦共和國的同輩們真的相信他們自己的政治修辭。根據他們的解釋，維持一種徹底排除心理負擔的管道來進行隨意性交，是一個人拋棄對美國帝國主義懷有任何幻覺的最好方式——同時還代表對他們父母的納粹遺產進行療癒性的洗滌，其（即該遺產的）特色為明明是性壓抑卻偽裝成民族主義的雄性威風。

一個二十歲的西歐年輕人只要褪下自己（跟伴侶）的衣服跟心理障礙——也就是以隱喻的方式擺脫掉象徵「壓迫性的寬容」的符號[5]——就能像驅邪一樣消除父母犯下的罪過：這讓我這個著重實證的英國左派感到有點可疑。反納粹竟需要連續性高潮（事實上為其唯一內容），這是多麼幸運啊。但是進一步想，我有什麼資格說閒話呢？作為一名劍橋大學生，我的政治活動領域是由禮貌的警察與無愧的良心（英國作為戰勝國不像德國那樣被佔領）框限起來的，或許不適合評價其他人的洗滌策略。

❖ ❖ ❖

如果我對當時往東兩百五十幾哩的地方正在發生什麼事知道更多一點，我或許就不會有那樣嚴重的優越感。我——一個程度不差、東歐猶太血統、流利掌握多種外語、而且遊遍我這半邊大陸的歷史系學生——對當時在波蘭與捷克翻天覆地的災難事件完全一無所悉：還有什麼比這一點更能說明冷戰時期的西歐處在何等密不透

5 馬庫色一九六五年出版的《純粹寬容批判》裡有一篇散論〈壓迫性的寬容〉（Repressive Toleranz），指出在現代社會裡所實踐的「寬容」被用於為專制與社會壓迫服務，成為「壓迫性的寬容」，並認為真正的寬容應該是顛覆的、解放的概念與實踐。

風的封閉狀態嗎?嚮往革命是嗎?那為什麼不去布拉格，毫無疑問是當時歐洲最刺激的地方?或者華沙，在那裡跟我同輩的年輕人僅僅為了他們的理念與理想就面臨開除、流亡跟牢獄的危險?

在我們所有認真且激進的辯論裡，我不記得有人提過一次布拉格之春[6]，更不用說波蘭學生暴動，這還不夠對我們說明一九六八年五月只是一場幻覺嗎?如果當時我們沒有那麼目光狹隘(相隔四十年，對於我們當時居然能用那樣激昂的態度討論學院門禁的不正義，現在真有點不知該說什麼)，或許我們真能留下一些更長久的足跡。那時我們可以談論中國的文化大革命、墨西哥的動盪[7]、或甚至在哥倫比亞大學的靜坐示威[8]，直到深夜。但是除了一位德國同學偶而蔑視地說起之外(僅止於把捷克的杜布切克視為又一個修正主義的叛徒)，沒有人提到東歐。

如今回想，我不得不認為我們錯過了良機。馬克思主義者是嗎?那為什麼我們不是在華沙跟偉大的萊謝克．科拉科夫斯基[9]以及他的學生們討論最後殘存的共產主義修正路線?反對者是嗎?是為何而奮鬥呢?願意付出什麼代價?我有少數幾位勇敢的朋友曾經運氣不好，以至於被關了一個晚上，就連他們次日回家也通常能趕上午餐。但是敢於要求那些我們視為理所當然的權利的華沙學生，卻必須為此在牢裡承受幾個星期的審問，然後被判處一年、兩年或三年的監禁——我們知道那需要鼓起何等勇氣嗎？

儘管我們有種種譁眾取寵的歷史理論，但是在當時，我們沒能注意到影響深遠的一個歷史轉捩點。馬克思主義是在布拉格與華沙，在一九六八年夏天的那幾個月

6 捷克共黨第一書記杜布切克（Alexander Dubček, 1921-1992）於一九六八年一月發起的政治民主化運動，有脫離蘇聯控制的傾向；於同年八月二十日遭蘇聯武裝鎮壓而告終。

7 受到六八學運的影響，墨西哥的年輕學生也自一九六八年七月開始發難，他們反對政府舉辦即將來臨的奧運會，主張推翻政府以進行政治、社會改革。運動在十月二日萬名學生聚集在三種文化廣場時達到高潮，但當天下午政府軍進行鎮壓，造成人數至今不明的死傷。

8 在黑人民權運動與反越戰的社會氣氛下，哥倫比亞大學學生在六八年春天發起校園靜坐示威，一方面抗議校方試圖在鄰近哈林區的公園興建體育館，一方面抗議校方沒有退出美國軍方的戰略分析協會。最後是紐約市警局進入校園以催淚瓦斯和警棍執行強制驅離，造成上百人受傷，七百多人遭到逮捕。

9 萊謝克·科拉科夫斯基（Leszek Kolakowski, 1927-2009），波蘭哲學家，年輕時信仰共產主義，加入波蘭統一工人黨。在一次訪問蘇聯的旅行中對史達林主義大感失望，轉而成為修正主義者，並出版三卷批判馬克思主義的專著《馬克思主義的主流》。在六八年的波蘭學運中，他失去了華沙大學哲學史教授的職位以及所有可能的教書機會，隔年他便開始在西方教書。

裡，開始把自己推向毀滅的。是中歐的異議學生繼續努力，不只削弱、質疑並推翻了好幾個破敗不堪的共黨政府，包括共產主義這個理念本身。如果我們當時對自己如此輕率提出的左派共產理念有更多一點的在乎，我們或許能更注意到那些學生的意見與行動——他們才是真正在共產主義的陰影下成長的人。

沒有人應該為自己生對了時間與地點而感到愧疚。我們在西方的這些人是幸運的一代。我們沒有改變世界，而是世界熱情地為我們而改變。那時候似乎沒有什麼是不能實現的：跟今天的年輕人不同，當時我們從不懷疑將有一份有趣的工作在等著我們，所以沒有人覺得有需要把寶貴的時間浪費在任何讀「商學院」這種丟臉的事情上。我們當中大多數都在教育界或政府裡找到發揮長才的職位。我們花費很多心力來討論這個世界出了什麼問題，以及該如何改變它。我們抗議那些我們不喜歡的事，而且覺得這樣做沒什麼不對。至少在我們的眼裡，我們是一個革命的世代。真可惜我們錯過了革命。

15 工作 Work

我一直想當歷史學者。我十二歲起就開始計算，要拿到足夠的學位需要多久時間。歷史學者要如何賺錢生活？我家看過的唯一一位歷史學者是泰勒——雖然我想他在電視上做這些優雅的演說是有酬勞的，但是我從不認為多數歷史學者是像他那樣過活。那要怎樣才能有個歷史學者的「職業生涯」？確實，要怎樣才能「有任何職業生涯」？要先計劃嗎？從青春期開始？還是這種事會就這樣發生？那萬一沒有呢？遠方某處有一個未來，但是到那之前，我得先賺錢。

我的第一個工作是在倫敦的史密斯書店音樂部：因為只有十四歲，我只准在星期六工作。最主要的吸引力是十七歲的艾珀。她負責收銀台，長得像電視上流行音樂節目的評審賈妮斯——對每一首最新的爛歌，她總是用濃重的口音給出招牌評審

「這個偶給五顆星！」（Oi'll give it foive!），並為此短暫地成為全國知名的人物。

這時仍是BBE（前披頭四時代），架子上供應許多容易遺忘的走貓王風的歌曲。美國原產的（比如吉尼・文森、艾迪・柯克拉恩）比英國相形失色的同行要好上一截（克里夫・李察聽起來已經有點像個笑話；此外還有亞當・費斯以及其他十來個歌手）。爵士是小眾口味，民謠音樂幾乎聞所未聞——至少在我工作的普特尼大街上是如此。已經是一九六二年了，但是一九五〇年代的音樂仍然強勢。

過了四年，在錄取劍橋之後，我從高中退學，想辦法在搭貨輪前往以色列的航程中做一份工作。那艘船預定通過把漢堡以北的霍爾斯坦半島一分為二的基爾運河。貨船的航程不固定——當我到達基爾碼頭時，「拓荒者號」（從格但斯克出發）還完全看不到身影，只是「預計抵達」。我在當地一間廉價的招待所找到床位，並且每隔幾小時就到港口跟運河的船閘[1]查看一下。

基爾很悽涼。戰時的破壞已經修復，但是結果變成一個被剝奪了歷史與豐富面貌的無趣都市空間（戰後西德很多地方都是這樣）。小招待所不怎麼友善；早餐過後我就被趕到街上，直到暮色低垂才准再回來。我的錢被同住的傢伙偷走了；半夜

15 工作 Work

我登上碼頭，等待即將入港的潮水以及隨之而來的船隻。承蒙一位同情我的攤販，我有香腸三明治可以填肚子。最後，「拓荒者號」龐然的身影終於隱約出現在波羅的海濃霧中。在自我耽溺的片刻裡，我拱著雙肩頂著風，覺得自己成了馬賽爾・卡內一部電影裡的尚・嘉賓。是《霧港碼頭》嗎?或許。

船長帶著狐疑的眼光跟我打招呼。我在他的貨船清單上，但是他一點也不知道該叫這位十八歲的旅行者做什麼好。「你能做什麼?」他問。「這個嘛，」我回答他，「我會說法文、德文，還有一點希伯來文。」——彷彿我是來應徵翻譯社的臨時工。「我也會。azma（那又怎樣）?」他輕蔑地回答我。接著有人帶我到我的小艙，並叫我第二天一早到機艙報到。機艙在船的深處；在那裡，以及在接下來的四個星期裡，我每天就在震耳欲聾的引擎活塞之間輪值早上八點到下午四點的班。遠洋船上的柴油引擎大體是自動運轉的；值班的管輪只有一位，負責監管五花八門的儀表板、操縱桿——還有我。這部機器會噴出厚厚一層的潤滑油。我的工作就是把這些

1 基爾運河是淡水運河，運河的水跟基爾港外的波羅的海海水不相通而且水位有落差，船隻通過要經過船閘調節。

油漬擦乾淨。

最初幾天，我不是在擦拭柴油鍋爐，就是頂著一場北海暴風雪嘔吐。但是我逐漸適應了新環境。我別無選擇——我不可能晉升到甲板上去工作。水手長（一個鬱鬱寡歡的以色列人，體型像一台侏儒坦克）有一次命令我上去把一些桶子滾到遮棚下面，以為預期到來的颮風[2]做準備。但是我推不動那些桶子，只能在別人輕蔑的眼神中返回地底做我的苦工。航程最後一個晚上，船長把我叫去，用粗啞的嗓音說，「從來沒想過你能撐下來。」我也是，我默默地同意。

在船上做非技術性的苦工有時也會得到補償。一次我跟三副一起在艦橋輪大夜班。他只比我大幾歲；我們一起聽著從西班牙、葡萄牙與摩洛哥的電台攔截到的流行音樂，隨著這艘渺小的船隻在顛簸中沒入東大西洋的風暴與波濤之中。到了賽普勒斯，船上的人帶我去見幾位「法馬古斯塔最親切的女士」，同一天晚上我（作為船上最年輕的人）刮了鬍鬚、打扮成「拓荒者號上最親切的女士」，給這一群帶著怪異興奮感的船員做餘興表演。這真的是專屬於我的情感教育。

❖ ❖ ❖

回到英國後，在蘇塞克斯郡的磚場工作，我修正了自己對體力勞動的看法：無技術可言的肢體勞動沒有什麼崇高可言。這種工作既辛苦又骯髒，還常常沒有成就感；逃避監督、抄捷徑跟儘量偷懶，是理性且難以抗拒的選擇。所以一有能力時，我就從磚場離開，一連做了好幾個駕駛的工作：技術成分比磚場多一點，薪資一樣低，但是至少這些工作給了我自主性跟獨處的機會。在一九六六與七〇年之間，我開車送過地毯、量販店貨物以及家用乾燥食品。

如今回想那一段在倫敦南區來回運送雜貨的時光，我突然意識到，那些訂單是多麼小量。一個典型的家戶一星期訂購的貨品不會超過兩個小紙箱。其他所需的一切，家庭主婦會在家附近的蔬果店、乳品店、肉舖或禽肉舖購買。超級市場幾乎還不存在。大批採購沒有意義：大多數人的冰箱都很小，有些人根本沒有。開著我的

2 指風向突變、風速急遽升高的天氣現象。常伴隨氣溫下降、降雨或冰雹。持續時間不長。「颮」是強陣風的意思。

綠色摩里斯小貨車（側面印有雜貨商引以為傲的家姓），我一次最多可以載到兩打訂單的貨物。今天，一個家庭到大賣場採購一星期的量，就能把那輛小小的摩里斯給裝滿。

一九六〇年代最後的兩個夏天，我放棄了送貨的工作，改為美國學生的西歐旅遊團擔任導遊。收入很普通，但是好處非常明顯。在那個時代，美國好家庭的女孩們不流行單獨到海外旅行；父母們會更希望她們跟背景相同的少女們，還有一個可靠的陪伴者，一起到歐洲渡假（作為畢業的獎勵）。

我工作的那間公司宣稱，他們只僱用牛劍的大學生擔任這份工作：奇怪的是，我們被認為特別適合陪同四十人起跳、長達九週的美國女大學生旅遊團。參加這些旅遊團的女孩不是還在讀大學，就是剛剛畢業，而且沒有一個曾經到美國本土以外的地方旅行，就連最有名的幾個地方（如巴黎、倫敦、羅馬）也完全不熟悉。

有一個晚上在瑞士琉森湖畔的森林郡花園飯店，凌晨五點，我被一個陷入恐慌的旅遊團女孩叫醒：「快來！有人要闖入伊莉莎白的房間！」我匆匆走下兩層樓，看到夜班門房正生氣地敲著臥房的門，語無倫次地吼著一個男生的名字。我把他推開，對著門口表明身分，裡面於是開門讓我進去。伊莉莎白站在床上，身上穿的不怎麼多。「他想殺掉我們！」她嘶著聲說。我們？她用手指了衣櫃，只見一個身上只穿著內褲的年輕金髮男子走了出來：原來是餐廳的副主廚。「是我的男友在找我，」這男孩用德文尷尬地解釋。我把情況轉達給接待他的美國女孩；她完全感到迷惑。我試著說明，「有些男性會覺得被其他男性吸引。」伊莉莎白渾然忘了自己幾近衣不蔽體的模樣，用厭惡的表情瞪著我，說：「才沒有，我們比洛克西[3]那邊就沒有！」

這是一九六八年七月發生的事。該月稍晚，在慕尼黑，我請我們的巴士駕駛霍爾斯特載我們去達豪紀念館，他是一名德國人。他直截了當地表示拒絕：那裡沒什麼值得看的，他可以保證；而且，反正那全都是美國宣傳搞出來的把戲。大屠殺跟集中營還不是普遍接受的道德參考點，密西西比也沒有同性戀。這全都是古早的往事了。

3 美國密西西比州東南部的城市。

❖ ❖ ❖

我最後一個短期工作是在藍野豬旅館，這間旅館為劍橋增添了風采。因為負責準備早餐，我從清晨五點半起就在廚房工作，直到中餐的組員到達為止。那邊沒有女學生，不過除此之外，這是一個理想的非學院職務。像捷克的知識分子在「正常化」[4]時期被指派到鍋爐室工作一樣（但我的情況是自願的），我覺得這種工作非常適合進行嚴肅的閱讀。在為旅途中的銷售員與探訪子女的父母切吐司、煮咖啡跟煎蛋之間的空閒裡，我大量閱讀了博士論文所需的背景資料。一旦讀進腦裡，煮一份快餐不只允許你進行思索與開展——簡直是加速這個過程。

反過來說，一文不名的學者常常不得不在學院邊陲從事的苦差事——高中歷史家教、大學兼課或改考卷（我全都做過）——會佔據你的腦袋，卻不會給你內在的滿足。當你載著滿滿一卡車的地毯在郊區四處緩緩行進，還可以進行複雜的思考；但是如果分秒必爭地改著一頁一頁的考卷，就不會有多少餘裕做別的事。

離開藍野豬旅館後，我直接在劍橋國王學院拿到研究員的職位。這個過程一點都不理所當然。我在其他地方申請研究員的工作已經全部遭到拒絕；如果國王學院這時候沒有出手救我，我一定會在別種完全不同的領域找到固定工作。由於這個結果是如此出於機緣巧合，讓我深刻明白，職業生涯是多麼不確定的事：一切都可能變得完全不一樣。

我不覺得我會花一輩子的時間在藍野豬旅館切吐司、送地毯，或者擦洗柴油引擎。至於把陪伴年輕女子暢遊歐洲當成專門職業，可能性甚至更小，無論那有多迷人。但是我確實很可能必須回頭去做其中一樣或好幾樣工作，而且不知道得做多久——這個可能性讓我深深地同情那些或許出於機運，或許因為災難，而在轉捩點上掉到錯誤的那一邊的人。

我們一直深受工業時代的觀念影響：我們是由工作所定義的。然而這對壓倒性的大多數人來說，大概都不成立。如果一定要援引十九世紀的老套，那麼我們最好

4 胡薩克（Gustáv Husák, 1913-1991）於一九六九年四月接替杜布切克出任捷克共產黨第一書記後所推動的政治復辟運動；所謂「正常化」，目標在消除布拉格之春期間的改變，重新鞏固捷克在蘇聯體制內的位置，並恢復共黨專政。

回憶起《懶惰的權利》：這是馬克思的女婿保羅・拉法格[5]一八八三年一本無意間預知未來的小冊子，裡面認為現代生活將提供越來越多機會，讓人們透過休閒活動與業餘愛好來定義自己；就業本身所佔有的地位將——令人欣慰地——越來越不重要。

最後我從事著一直想做的工作，而且為此獲得不錯的收入。大多數人沒有這樣幸運。大部分的工作都是枯燥乏味的，既不豐富生活，也不支撐生計。儘管如此，我們還是（像維多利亞時代的前人一樣）再度把失業視為丟臉的狀態：某種近似於性格缺失的東西。高收入的學者專家動不動拿經濟依賴的不道德來斥責「福利女王」[6]，侈談公共福利的不恰當，以及辛苦勞動的美德。哪一天他們也該自己試試看。

5 保羅・拉法格（Paul Lafargue, 1842-1911），法國工黨創始人之一。
6 「福利女王」是貶抑的字眼，用來形容美國那些不實詐領救濟金的人，尤其是女性。

16 菁英們 Meritocrats

我進劍橋的國王學院時，是一九六六年。我這個世代是一個過渡性的世代——或許就是**那個**過渡性的世代。我們已經跨過六〇年代的中點——摩斯族[1]的風潮來了又去，披頭四正要錄製《比伯軍曹寂寞芳心俱樂部》這張專輯——但是我註冊入學的國王學院仍然傳統地令人印象深刻。在大廳進行的晚餐是正式的，要穿長袍——而且不能缺席。大學生坐到位子上，等候院士們的到來，然後起立，注視著老先生們排成長長的一列、拖著腳步、經過大家，並走到高台上的餐桌去。

1 六〇年代英國青少年次文化。主要元素有改裝速克達機車、著重時髦打扮、聽爵士樂與節奏藍調、跳舞、嗑藥、街頭鬥毆（對手是搖滾族，另外一群青少年次文化，穿皮衣皮褲帶鐵鍊騎重型機車）。

所謂「老」不只是相對學生而言。走在最前面的是（前院長）約翰．薛普爵士（一八八一年生）；退休院士通常包括法蘭克．阿德庫克爵士（一八八六年生），E．M．福斯特（一八七九年生），以及其他同樣十分可敬的先生。你會立刻注意到，有某種東西把我們這些生在戰後福利國家的年輕世代，以及維多利亞晚期國王學院的世界連結起來：他們是E．M．福斯特、盧伯特．布魯克與約翰．梅納德．凱因斯等人的時代；他們散發出一種我們永遠無法企及的文化與社會自信。老人們與牆上褪色的畫像們彷彿無縫地融成一片：儘管沒有人特意指出來，但是「傳承」兩個字寫在我們身邊的每一吋空間裡。

然而我們也是開路的一群。到我們畢業的時候，長袍、方帽、門禁時間，以及一整本各式各樣的小規定——這些在我們入學時仍運作良好的東西——都已經成為懷舊的笑話。第一學期，我是一名雖然熱衷但球技普通的橄欖球員，跟著球隊搭巴士去牛津跟新學院比賽（而且輸球）。由於試著拆掉地主隊的一個小便池（但不太成功），以及拜秋天的濃霧之賜，我們太晚才回到劍橋。我到了宿舍門口，大門已經上鎖，而且我沒有「晚歸證」。我丟了好一陣子石頭，才終於把一位朋友叫醒。

16 菁英們 Meritocrats

他下樓來幫我開門，嚇得像一塊化石：「別讓舍監聽到你！」不消說，這個故事對今天國王學院的學生來說必定難以理解；但是比我們晚兩年入學的學生同樣會難以置信。這規定突然間就改了。

國王學院對於改變與徹底的斷裂向來有熱情擁抱的傳統，並為此自豪。輪值的資深導師會對新鮮人說，門禁跟校規只要點一下就好，大家心領神會。這對門房跟舍監似乎有點殘酷，因為他們是負責執行規定的人——新鮮人於是開始體會到劍橋的社會階級微妙之處：身為放蕩不羈的文藝中產人士——即使不真的過這種生活，至少外表看來如此——大多數的學院當局對於違反校規的情事常常是一笑置之，儘管那些校規原本應該由他們負責維持。

在我們入學後不久，院方銜命蓋了一間新的學生酒吧：簡直糟透了。為了要全面與最新的風格同步，院士們批准的這個設計根本就是蓋特威克機場離境大廳的翻版。而且這正是他們的用意：國王學院（成立於一四四一年）並不沉湎於自己的傳統，特別是因為學院裡現在來了許多不把牛劍的上層階級氣息當一回事的年輕人。

身為這些「新的」國王人的一員——我是家裡第一個念到高中的人，更不用說進大學——我可以說，我遠遠更願意酒吧有十九世紀紳士俱樂部那種綴滿裝飾的格調，而不是這種拙劣的不分階級的風格。幸運的是，這個實驗並不具代表性。學院維持了充分的自信，給學生們提供了讓人寬慰的傳承與認同之感。

❖ ❖ ❖

對我這個往北從未超過萊斯特的倫敦南區人來說，我們這一代的國王人不只在社會階級上彼此交錯，而且地理分佈上也頗為異質。我第一次遇到來自威勒半島、約克夏、泰恩工業區、東安格利亞，以及凱爾特邊陲地區的男孩。他們當中有很大一部分跟我一樣畢業於有入學篩選的免費公立學校，享有向上流動的機會。多虧了一九四四年的巴特勒教育法案，我們才會來到劍橋，儘管對我們當中有些人來說，需要跨過的階級隔閡實在不小。約翰．班特利[2]是從綜合高中[3]考進國王學院的第一人。在畢業派對上，他的母親對我的父母解釋，每次在街上有人問起她的兒子到哪兒去了，又在做什麼，她總是很想回答，他「回少年感化院去了」，因為一來大家比較容易相信，二來與其承認她兒子正在劍橋後花園划船泡女孩，這麼說畢竟還正派一點。

學院裡其他某處一定還潛伏著從菁英私立高中畢業的男孩所組成的孤立小圈圈；或者他們其實人數比我們還多？但是這樣的人，我從來只有機會熟識一個：我的隔壁室友馬丁·波里雅可夫，俄羅斯鐵路建造者波里雅可夫的姪曾孫。他畢業於西敏公學，留一頭古怪的尖頂頭髮，後來獲得了大英帝國司令勳章、成為皇家學會院士，而且以向青少年普及化學的貢獻而聞名。完全不是一般的上流人士。

我所經歷的國王學院，具體而微地反映了具有英才政治色彩的戰後英國。我們大多數都是通過考試成績取得所佔的位置，而且我們大多數從事的職業與我們最初的興趣與天賦相符。國王學院一九六六年這一屆在職業生涯的選擇上是出色的：比起之前與之後的畢業生，我們更多人選擇了教育界、公部門、新聞界高層、藝術界，

2　約翰·班特利（Michael John Bentley），聖安德魯大學歷史系教授，專治十九與二十世紀初期的英國政治史。

3　作者註：一種當時新推行的無入學考試的中學形態，後來很快就全國普及。當時的工黨政府打算用綜合高中全面取代有入學篩選的公立中學。

以及自由業當中無利可圖的那一端。

所以，我們這一屆最有潛力的經濟學家梅爾文．金恩，最後會成為英格蘭銀行總裁，而不是去掌管投資銀行或槓桿基金，完全是可以預期的。在我們之前的國王學院優秀畢業生無疑也走上類似的道路。但是只要看看前一個世代的訃聞就會發現，他們當中有多少人是回到家族企業，或重執他們的父親與祖父的傳統行業。

至於那些在我們之後的人：去記錄一九七〇年代以及之後的國王學院畢業生是多麼迅速、又多麼大量地湧向私人銀行、商業界以及法律界利潤最豐厚的部門，實在令人沮喪。或許我們也不應該責備他們；在我們的時代，畢業後的工作仍然到處都是，我們還能夠舒適地享受戰後經濟繁榮的餘暉。但是不管怎麼說，我們的心之所向朝著很不一樣的方向。

我當時常常問同學，為什麼他們選擇讀國王學院。很多人都沒有明確的答案，令我感到驚訝。他們只是衝著學院的名號而來，有的是因為仰慕學院的禮拜堂之美，也有的是因為覺得學校很獨特。少數（多半是經濟系的）說是為了凱因斯。但是我申請國王學院有非常特定的理由：身為問題學生——我在讀到第六學級的第二年時從學校退學——我的老師們尖酸地對我保證，牛津跟劍橋不會有別的學院願意理睬你。不過他們似乎覺得國王學院夠古怪，可能會把我當成合適的應試生。我一點也不知道其他學院會不會考慮我的申請；幸運的是，我從來不需要知道答案。

學院的教學極其獨特。我大多數的指導老師——約翰．撒特瑪敘、克利斯多福．摩利斯以及亞瑟．希伯特——都是只有一屆又一屆的國王學院學生認識的人；對外界來說，他們只是鮮為人知的幾本書的作者而已。透過他們的教導，我不只取得略具雛型的知識分子的自信，而且還學到對一種老師始終不渝的敬意：那些老師對名聲（與財富）無動於衷，也把指導者的責任置於其他的任何考量之上。

老師們教書的目的從來不是為了讓我們在劍橋的畢業考試上拿好成績。我的指導者們對任何種類的公開表現沒有絲毫的興趣。這並不是說他們不關心我們的考試成績；他們單純地認為，只要我們順著自然的稟賦就一定能夠通過。今天這種老師已經很難想像：因為英國政府透過「學術研究評估」來評鑑「學術產出」，並依據結果來撥發款項；他們這種老師的存在將給學院的財務造成嚴重的損害。

❖ ❖ ❖

也許我並不適合評價六〇年代的國王學院。我在那裡繼續讀研究所，之後又當了六年的研究員，直到於一九七八年逃到柏克萊去為止：我的記憶受到日後發展的影響。諾埃·安南院長的國王學院（一九五六至六六年）被愛德蒙·李奇院長的國王學院（一九六六至七九年）取代。李奇是一位國際知名的李維史陀學派人類學家。安南這一代[4]直接散發的自信，也被換成李奇的某種反諷的距離感：你永遠無法確定李奇院長是否深切地在乎、或是否絕對地相信，國王學院是愛德華時代自由異議傳統裡一切最好內涵的保存者。對他來說，那不過是另一個可供拆解的神話。

但是李奇確實代表的，是純粹的聰明才智（這一點他更勝於安南，智性上並不傑出的約翰·薛普當然更不用說）。當李奇的位子由無以倫比的柏納德·威廉斯接下來時，這個面向就更加突出。我曾經短暫地成為院士資格選舉團裡一名非常年輕的成員，跟威廉斯、約翰·杜恩、希德尼·布列納（諾貝爾醫學獎得主）、法蘭克·克默德爵士、傑符瑞·洛伊德（古代科學史學家）以及馬丁·瑞斯爵士（皇家首席天文學家）一起共事。在那裡我見識到何謂學識：兼具機智、廣博，以及最重要的（如E．M．福斯特在其他脈絡下所指出的），能做連結。以後我也從未忘記這種風範。

我最必須感謝的是杜恩，雖然當時我沒能充分體會到這一點。那時他還是一位非常年輕的學院研究員，現在則已經是傑出的退休教授。他在一次很長的談話裡（我們在討論約翰．洛克的政治思想）首次擊破了我嚴陣以待的幼稚馬克思主義，並讓我體認到治思想史是艱鉅的任務。他辦到這一點所使用的方法，是首先非常專注地聽完我想說的一切，並且極其嚴格地依照我的設定來進行理解，然後再用一種我能接受且尊敬的談法，和氣堅定地予以剖析。

這就是教導。這同時也是某種自由精神：即使面對意見相左（或根本錯誤）的人，也願意跨越廣闊的政治光譜，真誠與善意地與之進行對話。當然，這種寬厚的知識分子胸襟並不是只有國王學院才有。但是在聽過朋友與同輩描述他們在其他地

4 作者註：見Noel Annan, *Our Age: English Intellectuals Between the World Wars—A Group Portraits* (Random House, 1990)，書中對一個還沒有染上自我懷疑的世代做了異常自信的陳述。

方的經驗後，我有時感到納悶。其他機構的教師常常聽起來是疏離與忙碌的，不然就是像美國學院系所最不令人敬佩的那種情況：教師完全只管自己的研究。

在今天的國王學院裡，這種情況也比從前更多了。正如提到許多其他方面時一樣，我想我們這一代是幸運的：我們同時享受到新舊世界最好的部分。因為考試成績而晉升到一個正在消逝的階級與文化裡，我們正好在牛劍開始衰敗之前經驗到牛劍之美：但我也招認，我們這一代在攀上權力與職位後，很大程度要為這衰敗負責。

❖ ❖ ❖

四十年來，英國教育進行了一連串災難性的「教育改革」，目標在於抑制上層階級的世代傳承，以及在體制中實現「平等」。這使得高等教育發生了大混亂（安東尼．格拉夫頓在這本雜誌[5]裡做了很好的整理），但是最嚴重的傷害是發生在中學階段。由於堅決毀掉有入學篩選的公立學校（也就是讓我這一代得以憑藉公共支出獲得第一流教育的學校），政治人物強迫公立學校實施一個強制向下看齊的體制。

結果是，就像從一開始就預知的那樣，有入學篩選的私立學校（所謂「公學」）大行其道。絕望的父母們付出大筆的學費，好讓他們的小孩免於就讀功能不彰的公立學校；大學遭到極大的壓力，不得不接受程度不足的公立學校畢業生申請入學，並因此降低他們的入學標準；而每一任新政府都在改革，以補救前任政府「倡議方案」的失敗。

今天，當英國政府強制規定百分之五十的高中畢業生應該進入大學時，讀私校的少數跟所有其他人所接受的教育品質兩者的落差之大，比一九四〇年來的任何時候都更嚴重。私校生的成績穩定地勝過讀公立學校的同儕——這個可恥的小秘密，除了陷入慌張的新工黨政府[6]外沒有人願意承認。一面咒罵私立學校在市場上蓬勃發展，一面又熱切地獎勵銀行家資助私校，這實在令人費解。

接連好幾位教育部長都批准與鼓勵「學園中學」[7]的設立，也就是偷偷地（在

5 作者註：Antony Grafton, "Britain: The Disgrace of the Universities," *The New York Review*, April 8. 2010.

6 這裡指的是布朗（Gordon Brown）於二〇〇七年開始擔任首相的工黨政府。

7 也是公立中學的一種，但是不隸屬於地方政府，而由英國政府直接出資，也鼓勵私人資金贊助。

私有資金的協助下）恢復了篩選制度的實施，可是從前他們以平等之名廢除這種制度時是多麼自豪。在此同時，我們的內閣閣員畢業自私立中學的人數比過去幾十年都還高（我此刻已經數到十七人），而且是自一九六四年以來，再度有伊頓公學的校友擔任首相[8]。也許我們當初應該繼續維持菁英升學制度。

幾次因偶然的機會拜訪劍橋時，我感覺一種懷疑與衰敗的氣息。牛劍當然沒能擋住煽動性的風潮。一九七〇年代我們會說：「在國王學院這裡我們有五百年的校規跟傳統，但是我們不怎麼當一回事，哈哈哈！」這種挖苦與自嘲到了現在，變成了真正的困惑。我們在一九六六年遭遇的平等主義，是一種認真的顧慮與自我檢討；然而現在這已經變成病態的偏執，一定要在表面上維持一種假象，彷彿這個地方永遠也不會採行菁英篩選的標準或任何凸顯社會階級的慣例。

我不確定還有沒有任何辦法可以改變這件事。國王學院就像當今英國其他許多事物一樣，已經是一座文化遺址。這座學院頌揚一種異議、反傳統以及漠視階層的精神傳統，好像在說：嘿，看看我們，我們是不是跟別人有所不同啊？但是你不能頌揚你獨一無二的品質，除非你能在充分的根據上領會到，是什麼東西讓那些品質如此光榮與有價值。學術機構需要實質存在的傳統，而我擔心國王學院——就像牛劍整體——已經跟自己的傳統失去了連繫。

我懷疑，所有這些變遷正是從一九六〇年代中期過渡性的那幾年開始的。當時的我們，當然對此完全一無所知。那時我們所得到的既有傳統，也有踰越；既有連續性，也有改變。但是我們留給後繼者的，遠遠沒有我們所繼承的那麼豐富（這句話對戰後嬰兒潮世代普遍適用）。自由精神與寬容、不受外在評價左右、對進步理念的政治忠誠以及為了這種特點感到驕傲：這些是可以處理的矛盾，但只在一個不怕堅守自己特殊形態的菁英主義的機構裡，才有可能。

大學**就是**菁英主義的：大學的任務就是在每一屆年輕人裡挑選出最有能力的一群，然後竭盡所能地教育他們——以便打破菁英階層，讓這個階層不斷更新。機會的均等跟結果的均等並不是同一回事。一個被財富與繼承分裂的社會，不能一方面在教育機構裡粉飾問題（比如拒絕能力區分、限制學校篩選），以為這樣可以矯正

8 這裡指的是前任保守黨首相卡麥隆（David Cameron）。

這種不正義，另一方面又以自由市場之名，支持收入差距的持續擴大——這是純粹的虛假與偽善。

我們這一代的人認為自己既是激進分子，也是菁英的一員。如果這句話聽起來不一致，那是因為我們在學院讀書的過程裡，直覺地吸收了某種自由傳統，裡面就帶著這種不一致。出身豪門的凱因斯為了每個人的更大福祉，建立了皇家芭蕾舞團與文藝協會，卻同時確保這些機構要由專家來經營，就是因為那種不一致。那是菁英主義內含的不一致：給每個人一個機會，但是給有才能的人特別待遇。那也是我的國王學院的不一致，而能經驗到那種不一致的我，真是非常幸運。

17 話語 Words

我是在話語裡長大的。每當在廚房的餐桌上，祖父、叔叔伯伯以及逃難者們氣勢洶洶地對彼此說著俄語、波蘭語、意第緒語、法語以及他們自以為的英語，爭相傾倒各種論斷與質問，這時種種話語就從桌邊跌下，落在我所坐的地板上。從愛德華時期的大不列顛社會黨[1]漂流出來的人物經常泡在我家廚房；他們愛說教，總是宣揚著「真正的大業」。我常常一連好幾個小時，高興地聽著這些自學出身的中歐人爭論著馬克思主義、猶太復國主義、社會主義，直到深夜。當時我覺得，講話好像就是大人存在的目的。這種印象後來也從未從我腦裡消失。

1 愛德華時期指一九〇一至一〇年。大不列顛社會黨是成立於一九〇六年的極左派政黨，至今仍存在，但人數少，在國會無席次。

輪到我的時候，為了尋找自己的定位，我也講話。在同樂會上我會表演當場記住、複誦跟翻譯多國字詞。「喔，他以後可以當律師，」他們會說。「他能迷倒樹上的小鳥」：為此我在公園毫無成果地嘗試了好一陣子；到了青少年時期又試圖用倫敦東區佬的英語來施展我的魅力，但成效並沒有更好。之後我就脫離了在多種語言之間進行轉換的熱烈階段，開始追求英國廣播公司冷靜且優美的英語風格。

在一九五〇年代，當我讀小學的時候，英文無論是在教學上還是使用上，都是嚴守規則的。學校教導我們：哪怕是最微小的句法失誤也不可接受。對「好」英文的強調，正處於巔峰時期。拜英國廣播公司與電影院新聞短片之賜，我們說話的方式有全國通行的正確規範；階級與地區的權威不只決定你怎麼說話，還決定什麼話才適合說。「地方腔」充斥（我的口音也算），但是有上下尊卑的差別：通常根據社會階層以及距離倫敦多遠來排行。

處在高峰的英文散文正在消逝中；那餘暉深深吸引著我。讀寫能力普及的時代，也意味著讀寫能力的衰落，正如李查・霍加特在他感傷的散文《讀寫能力的用處》所預示。抗議與反叛的文學正在文化的地景中升起。從《幸運兒吉姆》到《憤怒的回顧》，以及五〇年代末的「洗碗槽」影劇，與階級緊密相關的語言習慣——也就是令人窒息的得體措辭以及「適當」的說話方式——遭受猛烈攻擊。然而那些「蠻族」本身在猛烈批評傳統的同時，都採取了一致認可的正確英文，而且還帶著完美的抑揚頓挫。閱讀這些作品時，有一個念頭從未出現在我的腦海：反叛，就一定要放棄優美的形式。

到我進大學的時候，遣詞用字成了我的「拿手好戲」。一位老師曾經模稜兩可地評論我有一種「能言善辯的演說家」天分，天生容易獲得所屬圈子的信賴（對於這一點我非常有自信），但又帶有一種圈外人批判的鋒芒。牛劍一對一的導師課會給言辭便給的學生很大的收穫：「新蘇格拉底教學法」（「你為什麼這樣寫？」「你這樣寫是什麼意思？」）會要求唯一的導生詳盡地解釋自己的想法；但這樣做又可能會讓害羞與深思型的大學生陷於不利，以致他們寧願在研討課上躲到教室最後面。我對自己善於表達的信心於是更加鞏固了：這不只是聰明才智的證據，而是聰明才智本身。

我是否曾經想到過，在這種教育情境裡老師的沉默也很重要？當然，沉默從來不是我擅長的項目，不論是當學生還是做老師的時候。我一些最出色的同事們，隨著年紀漸長，在辯論或甚至談話時都退縮到不做清楚表述的地步，在明確表態之前都考慮再三。我真羨慕他們有這種自我克制。

❖　❖　❖

能言善辯通常被認為是一種攻擊性的才能。但是對我來說，能言善辯的功效根本上是防衛性的：語言能靈活應變，就允許你製造一種假裝的親近感——一方面傳遞「我們很熟」的訊息，同時卻保持距離。這是演員做的事。然而這個世界並不真是一個舞台，而這麼做帶有某種不自然的成分在內：只要看看現任美國總統[2]就會明白。我也號令語言來抵禦他人過於親暱的言行——這或許解釋了為什麼我對新教徒與美國原住民會有一種浪漫的偏愛，因為兩者都屬於沉默寡言的文化。

在語言的問題上，當然，外來者常常會被蒙蔽。我記得有位麥肯錫顧問公司的美籍資深合夥人曾對我說，早期他們公司在英國招募員工的時候，他發現自己幾乎無法挑選年輕的工作夥伴。每一個看起來都如此能說善道，分析時下筆如神：要怎麼分辨誰是真的聰明，誰只是演技精湛？

言詞可能騙人，以致有害與不值得信賴。我記得曾經著魔一般地讀著一本蘇聯史：那是年老的托洛斯基主義者以撒．多依徹，在劍橋的特理威廉講座上編織的一部形同幻想的歷史（《未竟的革命：俄羅斯一九一七至一九六七》，一九六七年出版）。那文字的形式是如此優雅地超越了內容，以至於我們毫不置疑地接受了後者：擺脫這本書的毒性是相當一段時間之後的事。修辭遣字的十足功力，不論訴求為何，不必然表示內容就有原創性與深度。

儘管如此，**不清不楚**的表達必定表示思想的缺失。一個習慣因為說話的意圖而非內容被讚美的世代，大概會覺得這個論斷很奇怪。清楚表達的能力本身在一九七○年代成為被質疑的對象：人們從「形式」撤退下來，轉而偏好對僅僅是「表達自我」就不加批判地給予讚許，特別是在課堂上。但是鼓勵學生自由表達意見、避免

2 這裡指的是歐巴馬總統。

他們被過早施加的沉重權威壓垮是一回事；希望教師撤回對語言形式的批判，並期待他所授予的自由將有利於學生的獨立思考（「別擔心你說的方式，理念才是最重要的」），則完全是另一回事。

一九六〇年代過去了四十年，現在已經沒有多少指導者還有足夠的自信（或訓練）揪出學生不恰當的表達方式，並對他清楚解釋，為什麼這恰恰阻礙了智性的思索。我這一代人的革命，是導致這個崩潰的重要推手：在生活的每一個領域裡，獨立自主的個體都被賦予了不容低估的優先性——「做好你自己」這句話披上了變化多端的外衣。

今天，不管是在語言或藝術裡，「自然的」表現方式比技巧受到更大的喜愛。我們不加思索地認為，這樣可以更有效地傳達真理，就像更能夠傳達美一樣。但是亞歷山大．波普更了解此中奧秘[3]。在西方傳統的許多世紀裡，你的立場表達得如何，與你的論述的可信度有緊密的對應。修辭風格也許有時簡約有時巴洛克，但是風格本身從來不是無關緊要的事。而且，所謂「風格」也不僅是文句調整的好壞：表達的拙劣顯示思想的貧困。語詞如果混亂難懂，最好的情況是代表理念也混亂，最壞的情況則代表偽造與假裝。

學院書寫的「職業化」——以及人文學者對「理論」與「方法論」的安全感刻意的死抱——常常偏愛故弄玄虛的風格。這從反面鼓勵了一種膚淺的「通俗」表達形式，像假鈔一樣在市場上流行起來。在歷史學科裡，最典型的例子就是「電視名教授」的興起，其魅力恰好建立在他聲稱自己能招來廣大的觀眾——在這個同行學者已經沒有興趣繼續溝通的時代裡。然而，儘管上一個世代的通俗學術作品是一點一滴地將作者的權威注入平鋪直述的文字裡，今天「簡單易懂」的作者卻令人不快地突入觀眾的意識裡。吸引觀眾注意力的再也不是主題，而是那位表演者。

❖ ❖ ❖

文化自信的匱乏，會在語言上複製同樣的身影。這句話套用在科技的進步上也

3 作者註：真正的才情，是為自然加上出色的裝扮；時常被想到，但表達從未如此美妙。——亞歷山大．波普，《論批評》（Alexander Pope, *Essays on Criticism*, 1711）

仍然成立。在一個臉書、MySpace與推特的世界（更不用說傳簡訊），簡短的間接指涉取代了詳盡的闡述。網際網路一度像是可以進行無限制溝通的契機，然而這個媒介日漸向商業化傾斜（「你買的東西定義你是誰」），造就了本身益發的貧困。我的孩子在同儕身上看到，他們在手機上使用的縮寫與簡稱開始滲透到真正的溝通：「很多人像簡訊那樣講話。」

我們應該為這個現象感到憂慮。當話語開始變得破碎，它們所表達的理念也不能倖免。如果我們更重視個人的表達方式而輕忽形式上的慣例，就等於把語言私有化，一如我們將其他如此多東西私有化一樣。「當我用一個字，」矮胖子[4]說，語調頗為輕蔑：「那個字就剛好代表我想說的東西，既不更多，也不更少。」「問題是，」愛麗絲說，「你怎麼能讓同樣的字代表那麼多不同的東西？」愛麗絲說得對：結果會是全盤混亂。

在《政治與英語》書中，歐威爾斥責他當時的人用語言來使人困惑，而非傳達訊息。他的批評所針對的是說話者用心不良：人們使用差勁的文字，是因為想說的東西本來就不清楚，不然就是故意閃爍其詞。然而我們的問題，依我看來，是不一樣的。今天，粗糙的文字所顯示的，是在智性上缺乏自信。我們說得很糟糕、寫得很糟糕，因為我們對自己所想的沒有信心，也不願意做明確而堅定的斷言（「個人意見認為……」）。我們並未遭遇「新語」（newspeak）的興起[5]，而是冒著「無語」（nospeak）盛行的危險。

如今我比過去任何時候都更意識到這方面的憂慮。在神經元疾病的牢牢掌握裡，我正快速地喪失控制語詞的能力——即便我跟這個世界的關連已經被縮限到只剩下語詞。在我無聲的思想裡，這些語詞仍然以無懈可擊的紀律、在未曾減損的範圍內排成隊形——內部的景觀跟從前一樣豐富——但是我再也無法輕易地把它們傳達出去。母音與發嘶聲的子音從我的口中溜滑而出，連親近的助手都覺得音不成音、含混難辨。我的聲帶肌，這個陪伴我六十年的第二自我，正持續衰退中。溝通、

4 出自路易斯・卡羅（Lewis Carroll）的《愛麗絲鏡中奇遇》（*Looking Through Glass*）（1872）。矮胖子是一個蛋形人物。

5 「新語」是歐威爾在《一九八四》裡構想的人工語言，特色是簡化辭彙，消滅表達多樣性，凡能表達自由、革命與批評政府的用語都被刪除。預計於二〇五〇年全面取代「舊語」，也就是故事設定中一九八四年當時的英語。

表現、斷言：這些現在竟成了我最弱的項目。將存在翻為思想、思想化為話語、話語轉為溝通，這些將很快超出我的能力之外，而我就這樣被侷限在自我沉思的修辭風景裡。

儘管我現在對那些無法發聲的人有更多的同情，但我仍然鄙視含混不清的語言。自從無法自由與人溝通之後，我比任何時候都更體會到，溝通對群體是多麼關鍵。那不只是我們得以共同生活的手段，更是我們共同生活的意義一部分。那些從小陪我長大的豐富的話語，本身就是一種公共空間——而適當維護的公共空間正是我們今天如此缺少的東西。如果話語陷於荒蕪，又有什麼能夠取代呢？話語是我們僅有的一切。

第三部
Part Three

18

朝西方去，年輕的賈德

Go West, Young Judt

美國不是每個人自願去的目的地。很少人一天早上醒來就對自己說：「我受夠了塔吉克斯坦——讓我們搬到美國去吧！」戰後我的父母對英國感到絕望（在那些令人沮喪的年代裡這種感受十分普遍）；但是跟英國那時候的大多數人一樣，他們希望去的是自治領[1]。在我童年居住的大街上，食品雜貨商與肉販的廣告上總有紐西蘭羔羊與乳酪、澳洲羊肉以及南非雪莉酒，美國產品非常罕見。然而紐西蘭的移

1 英國殖民地制度下的特殊國家體制，是指脫離殖民地地位、取得自治權力的地區（軍事外交與憲法制定的權力仍受限於英國）。自治領地區二戰後多成為完整國家，但名義上留在大英國協（Commonwealth），比如紐西蘭、加拿大、澳洲等都於一九五三年脫離自治領地位。

民計劃（在那裡養羊嗎？）因為經濟狀況以及我父親的肺結核疤而受挫。我於是如預期地在倫敦出生，當我首度到美國時，已經將近三十歲。

每個人都以為自己了解美國。當然，你「知道」什麼，很大程度取決於你的年紀。對上了年紀的歐洲人來說，美國是一個姍姍來遲、把他們從歷史裡解救出來、因為渾身的自信與繁榮而令人不耐的國家。「美國佬有什麼問題？」「他們領太多錢，上太多床，而且『人在這邊』！」（They're overpaid, oversexed, and over here.[2]）這句玩笑話也有個倫敦版，提到戰爭期間由政府規劃配給的廉價女性內衣：「你知道新型的襯褲嗎？猛拉一下就掉下來了[3]。」

對一九五〇年代長大的西歐人來說，「美國」會讓他們聯想到歌手平．克勞斯貝、牛仔英雄卡西迪，以及中西部觀光客不斷從方格呢褲袋裡掏出來的幣值被高估的美元。到了一九七〇年代，這個形象從原本的西部牛仔轉變成曼哈頓都市叢林裡的光頭警探柯傑克[4]。我這一代人則是熱烈地把平．克勞斯貝換成貓王，再把貓王換成摩城唱片[5]與海灘男孩。但是對於貓王發跡的孟菲斯或摩城唱片所在的底特律，還是海灘男孩成軍的南加州實際上是什麼模樣，我們是一點概念也沒有。

所以美國是一個極其熟悉、但也完全陌生的地方。在到美國之前，我讀過史坦貝克、費茲傑羅以及南方一些非常出色的短篇小說作家。在這些經驗與一九四〇年代的黑色電影之間，我一定也看過一些美國的視覺圖像。但這全都是零星與片斷的。再者，像大多數歐洲人一樣，生在一個步行幾天就能橫跨的國家裡，我對美國純粹的廣大與多樣的面貌是絕對地無法想像。

我第一次到美國是一九七五年。在波士頓降落時，我得打電話給一位哈佛的朋友；我們在美國的期間要住他那邊——但是付費電話要投一個我無法辨識的十分錢硬幣（我從沒看過柯傑克用過）。一位友善的警察給我提供援助，還覺得我連美國硬

2 二戰期間英國人開美國大兵的流行玩笑。美國軍人享有的物資遠高於當時英國艱困的生活水平；跟英國士兵比起來，他們帥氣、乾淨而且有錢。因此英國女性跟美國軍人上床並不少見（為了經濟或其他因素）：有數字稱美軍離開時帶走六至七萬名英國新娘，留下的私生子也在數萬之譜。《在彼方》（*Over There*）是一首一戰時期歌誦英勇美國大兵的歌曲，但在二戰也很流行。其中有一句是「我們美國人來了！而且我們不會回頭，直到彼方（over there）的戰爭結束！」「在這邊」是開「在彼方」的玩笑。

3 「猛拉一下」（One yank）跟「一個美國佬」（One Yank）諧音。

4 一九七三至七八年間流行的美國電視劇。

5 以黑人音樂與爵士樂為主的唱片公司。

幣都不會用十分好笑。

我的英國妻子跟我計劃開車橫跨美國，前往加州戴維斯；我受邀在那裡[6]任教一年。我本來想買一輛福斯金龜車，但是我遇到的第一位銷售員說服我買了一輛別克軍刀：金色，自動排檔，車長將近五公尺半，順風時一加侖汽油可以跑十哩[7]。我們開這台別克做的第一件事，是去披薩店。當時英國披薩仍然不多見，而且很小：大號披薩的差不多七吋，厚度只有半吋[8]。所以當櫃台後面的男孩問我們要什麼尺寸，我們毫不遲疑地回答：「大號」，而且還點了兩個。當兩個巨大的硬紙盒被送上來，裡面各裝一個十六吋大、十人份的芝加哥超厚片披薩[9]時，我們困惑到有點不知如何反應——這是我對美國「什麼都要大」這種執念的初次體驗。

由於身上的錢不夠，我們繼續往西開去，只在為我們自己與這台非常飢渴的別克補充燃料時才停下來。我住過的第一間美式汽車旅館是在南達科塔州的蘇福爾斯。房間的價錢低到令人不可置信，以至於我試探地詢問，我們可不可以升級到一個有淋浴間的房間。櫃台職員先是假裝聽不懂我的口音，然後用毫不掩飾的輕蔑解釋：「我們全部的房間都有淋浴設備。」聽在一個歐洲人的耳裡，這簡直難以相信。

一直到看到房間，我們才終於相信這是真的。初次體驗二：美國人對清潔非常在意。

當我們經由南達科塔的拉皮德市（「牧場戰爭於此結束」[10]）與內華達的雷諾到達戴維斯的時候，我們已經對美國風情的廣闊與深邃有了很高的敬意（但或許不包括美國汽車）。這是一個「巨大」的國家——廣大的天空，廣大的山脈，廣大的田野——而且又優美。即使是無可辯駁的醜陋之處，也多少被周遭與背景馴服：在（德州）阿馬里洛以西一連好幾哩路上參差分佈的加油站與廉價的汽車旅館，如果是放在任何歐洲的風景裡，一定是一場大災難（義大利米蘭郊外的類似店家就醜陋至極），但是在德州西部更廣大的格局裡，它們浪漫地融入了黃昏的霧靄中。

在這次橫跨大陸的汽車之旅後，我又橫越了這個國家七次。古老的墾殖聚落

6 加州大學戴維斯分校。

7 約等於每公升汽油跑四點二五公里。

8 約直徑十八公分，厚度〇點六公分。

9 約直徑四十公分，邊緣可以厚達七公分。

10 牧場戰爭是美國西部拓荒時期各方為爭奪牛隻的放牧權跟水權時常發生的武裝衝突。賈德引述的句子出處不明，可能與上述的牛仔英雄卡西迪有關。

——夏安部落[11]、克諾斯維爾、薩凡納，有一種歷史延續之美。但是誰會喜歡今天的休士頓、鳳凰城或夏洛特？成群的辦公大樓與十字路口連成一片荒涼的風景，從九點到五點的繁忙製造出錯誤印象，以便在薄暮之前陷入死寂。就像「奧茲曼迪亞斯」[12]一樣：一旦水資源耗盡，或汽油的價格高到生活無法維持，這類城市擴張將會重新消失在沼澤地或沙漠裡，那些它們原先升起的地方。

然後還有海岸上古老的墾殖聚落：這些地方安穩地根植於這個國家過去的殖民歲月裡。我曾在紐奧良一間投幣式洗衣店裡遇搶，身上一毛錢都不剩，因此得到機會幫一位匹茲堡鋼鐵人隊[13]第一隊的後衛把他的車開去賓州的哈里斯堡[14]。那是一輛大馬力高性能的美國車，引擎蓋上繪有一隻咧著牙齒笑的老虎，姿態淫蕩地躺在一件毛皮外套上。不難料想的是，每隔五十哩路我們就被攔下來一次；攔住我們的摩托車警察會大搖大擺地走到車窗邊，準備把那個高速駕駛著皮條客俗豔大轎車、過度狂妄的傢伙好好地訓斥一番……卻只發現一名小小的劍橋講師跟他嚇壞了的妻子坐在裡面。不久之後我們就開始覺得這種效果很有趣。

一次在內布拉斯加州的北普拉特河，我突然體會到一個反面的道理。在一個遙遠偏僻的地點，四周被八呎高的玉米田完全包圍，離任何算得上城市的地方有數百哩，距離最近的海水有數千哩之遙：如果我，一個旅人，覺得這裡與外界隔絕，那麼住在這裡會是什麼感覺？難怪大多數美國人對於世界其他地方發生什麼事完全不關心，也沒興趣知道那些地方的人對自己有什麼意見。中土之國？中國人連自己的一半國土都不認識。

從密西西比三角洲一直到南加利福尼亞的整個地帶上零星散佈著小小的城鎮與聚落：其中呈現出來的圖像令人沉思。從達拉斯往西北方向，朝著德州高原上最遠處的迪凱特開去[15]，每個聚居處都可以看到一個或兩個加油站、一間單調的汽車旅館（常常已經關閉）、偶而有一間便利店，以及一些形成小群的拖車房屋。但沒有任何稱得上是社區的跡象。

11 美國大平原原住民夏安族居住地，位於奧克拉荷馬州南部。
12 見第五章註5。
13 美式足球聯會（NFL）北區球隊，拿過最多次超級盃冠軍（六次）。
14 等於從美國中部南端開到東北部，車程約一千八百公里。
15 約一百公里車程。

除了教堂之外。看在一個歐洲人的眼裡，那些教堂常常不比在倉庫上裝一個十字架好到哪裡去。但是教堂的建築本身在路邊的商店街與帶狀房屋之間十分突出。宗教不只是城裡唯一重要的事；甚至還常常是與任何可辨認的社會活動，或者與任何更高追求之間唯一的連繫。如果要住在一個這樣的地方，我也一定會加入上帝的選民。

但是我走上的道路讓我無需這麼做。美國最棒的部分，毫無疑問是大學。我不是指哈佛、耶魯、以及其他許多名校——這些學校的根源跨過海洋，連結到牛津、海德堡以及更遠之處。然而，世界上再沒有別的地方有這樣的**公立**大學。你開車經過一哩又一哩中西部單調乏味的低矮灌木叢風景，像長麻子一樣點綴著各式廣告看板、一家一家的「六號」汽車旅館，以及連綿不絕像是閱兵隊伍的食品連鎖店，這時——彷彿十九世紀英國士紳針對教育所憑空想像出來的海市蜃樓——出現了一座圖書館！而且不是隨便一間圖書館：在布盧明頓，印地安那大學擁有七百八十萬冊藏書，涵蓋九百種以上的語言，安放在一個擁有兩座塔尖、由印地安那石灰岩建造的巨大建築裡。

18 朝西方去，年輕的賈德
Go West, Young Judt

再往西北一點，跨過一百多哩空曠的玉米田風景，宛若綠洲的香檳—厄巴納就進入視野：一個其貌不揚的大學城，擁有一座館藏超過一千萬冊的圖書館。就算是這些贈地大學當中規模最小的——不論是伯靈頓的佛蒙特大學還是懷俄明大學位於拉勒米的偏僻校區——也都能拿出如此可觀的館藏、資源、系所以及雄心抱負，足以讓歐洲大多數古老大學心生羨慕。

在大學圖書館（不管是印地安那或伊利諾）跟起伏的田野（從圖書館窗戶就能看見）兩者間所構成的反差，闡明了美國內陸天地的規模與多樣化是多麼驚人：這一點你從遠方不能奢望理解。從布盧明頓國際化的學院社區往南幾哩路，就是老三K黨的核心地帶[16]；德州大學無可匹敵的文獻收藏也是這樣近乎不真實地座落在這個多山丘的州裡，為保守與狹隘的偏見所包圍。對外人來說，這些是令人不安的共存狀態。

美國人在這些矛盾面前泰然自若。很難想像一所歐洲大學會用這樣的理由——

16 三K黨是美國白人新教極右翼秘密組織，宣揚對天主教徒、黑人、猶太人與其他少數民族施以暴力迫害。在一九二〇年代，印第安那的三K黨勢力急遽擴張，達到二十五萬名成員，是最大的一個州分部。

附近的國際機場能讓你輕鬆「逃離」——來招募一位教授（一所位於亞特蘭大附近的大學就是這樣鼓勵我考慮他們）。如果一個離鄉背井的歐洲大學教師擱淺在亞伯里斯特威斯，一定會避免提到這個大學地處荒涼的事實[17]。所以，美國人會不留情面地自白檢討（我到底是怎麼了，居然淪落到夏安州立大學？）；但是一個處於類似孤立狀態的英國人，就會傷心地低聲訴說他從前在牛津度過的休假學期多麼美好。

我自己看問題的方式仍然受到那一年在戴維斯的影響。從原本的加州大學農業進修部發展起來，不安穩地座落在沙加緬度河三角洲的水稻田間（特別是一面遙望舊金山，另一面就是一片荒涼），加大戴維斯分校現在擁有三百三十萬冊館藏、世界級的研究團隊，以及美國頂尖的綠能發展計劃。我所認識最有趣的同事中，有些人一輩子都待在戴維斯。然而在那時候，這對我來說是一個謎：那一年結束後，我就小心翼翼地撤退了，回到劍橋這個舊日英國的熟悉世界裡。然而一切都變得有些不一樣。劍橋本身感覺上有點沒落與拘束，薄煎餅般平坦的東英格蘭沼澤地就跟任何一片水稻田一樣偏僻遙遠。每個地方都成了別處某個地方的荒涼地帶。

約翰・多恩形容他的情婦就像是「美利堅」：一片新發現的、等待情慾發掘的大陸。然而美利堅本身也是一個情婦，一會兒嚴詞拒絕一會兒又出言誘惑——即使作為身材過胖又愛吹噓的中年婦人，也仍保有一定的魅力。對一個疲憊不堪的歐洲人來說，她的魅力有一部分是來自於那些衝突與古怪之處。那是一個既舊且新的國度，永恆地進行著對自我的發掘（通常由他人付出代價）：一個被前工業化時代的神話包覆的帝國，彷彿套上劍鞘一樣，既危險又無害。

我也被誘惑了。起先我來回於大西洋兩岸，搖擺不定：我把模稜兩可的情感同時投注於兩邊。我的先人之所以移民是環境所迫，是出於恐懼與赤貧。由於別無選擇，他們心中毫無疑惑。但是我是自願移民，所以可以對自己說，我的選擇是暫時的，或甚至可以撤回。很長時間裡，我有在想要不要回歐洲教書——但是我發現，只有在美國，我最能感覺自己是歐洲人。於是我歸化了：在波士頓下飛機後二十年，我成了美國公民。

17 英國威爾斯的海港小城，人口僅一萬出頭，有一個著名的亞伯大學。

19

中年危機
Midlife Crisis

其他男人有的換老婆。有的換車。有的換性別。中年危機的重點，就是去做一件極其不同的事，以證明你還是少年時代的那個你。誠然，「不同」是個相對的概念。一個深受這種危機折磨的男人，所做的通常都跟所有其他男人沒甚麼不一樣——畢竟，那樣你才知道原來這就叫中年危機。但是我的情況確實有點不同。我也到了該發作的年紀、處於該發作的階段（正跟老婆二號辦離婚），同時經歷了通常中年危機都會有的不確定感：這一切到底所為何來呢？不過我用自己的方式來回應。我學捷克文。

一九八〇年代頭幾年，我在牛津教政治學。我有穩定的工作，專業的職責，還有一個舒適的住處。家庭幸福或許是太過分的要求，不過我也習慣了缺少這一塊。儘管如此，我確實感覺到與學院的工作越來越疏離。在那些日子裡，法國史落入賊人之手：社會史領域所謂的「文化轉向」以及把一切都冠上「後」字的時尚，讓我無止無盡地讀著晦澀枯燥的長篇大論；不只那些研究被新成立的「次學門」推捧為學界的顯學，那些推波助瀾的研究者也開始在離我的領域太近之處大量繁殖。我感到厭煩了。

一九八一年四月二十四日這一天，《新政治家》刊登了一位捷克異議人士的來信（化名為瓦克拉夫・拉謝克）；信上禮貌地對E・P・湯普森的一篇論文表達抗議：這位偉大的英國歷史學家在文中主張，東方與西方要為冷戰與伴隨發生的罪行負起共同責任。這位「拉謝克」先生的投書指出，共產主義要負的責任想必要稍微大一點吧？湯普森回覆了一篇語氣高高在上的長文以為駁斥，把這位捷克異議人士對自由的「天真」渴望拿來與他自己「對英國人法定自由的捍衛」做比較。但是他也同意：由於資訊不足又天真，「我們不難想像為什麼一位捷克異議人士會這麼想」。

我對湯普森的傲慢簡直怒不可遏，就給期刊去信表達了立場。我的介入——以及文中表達的同情與支持——讓我收到了一份邀請，去跟一位六八世代的捷克流亡者伊昂・卡凡見面。當我們會面時，卡凡正處在情緒失控的狀態。他剛剛接受了泰晤士電視台的訪問；過程中由於太過熱切，他擔心自己已經無意中洩露了捷克地下黨人的訊息，足以讓他們陷入麻煩。我能不能去電視台走一趟，取消影片的播出呢？

卡凡竟以為一位沒沒無聞的牛津教授能發揮這樣的影響力，讓我甚感榮幸。我知道這不符事實，但還是假裝我辦得到，就那樣去了電視公司。節目的主編恭敬地聽我說話，很快就確認我對於捷克的情形幾乎一無所知，既不知道地下反對陣營，甚至連卡凡本人都不認識。他掂量出來，我就算是在自己的專業裡也無足輕重，這位主編便禮貌地把我請出了大門。

節目在第二天正常播出。就我所知，沒有人為了這次揭露碰上嚴重的麻煩，但是伊昂・卡凡的聲譽受到很大的打擊：許多年後，當他的政敵在後共產時期的捷克共和國指控他與舊政權勾結時，這個泰晤士電視台的訪談就被援引為指控的證據。

那天晚上我回到牛津，一方面為自己幫不上忙感到難堪，另一方面更為自己知識的狹隘感到羞愧。於是我做了一個決定（事後看來這個決定影響重大）：我要開始學捷克文。泰晤士電視台忽視我是一回事：我不介意別人覺得我不重要。但是被當成一個既不重要也完全狀況外的人，會讓我感覺自尊受損。我這輩子第一次發現自己長篇討論一個地區與其問題，可是對那裡的語言卻不熟悉。我知道政治學者向來都是這樣，正因如此，我向來自認不是政治學者。

於是，從一九八〇年代初期開始，我著手學一個新的語言。首先我買了一本《自己學捷克文》。由於老婆二號已經不在身邊，有漫長的（而且逐漸可以享受的）獨自時間可以利用，所以我每晚花兩小時在這本書上。這本書的使用方法是傳統的，讓我覺得安心又熟悉：一頁接著一頁的文法，對斯拉夫語系繁複的動詞變化與名詞變格的強調，穿插著字彙、翻譯、發音、重要例外等練習。簡言之，就是從前老師教我德文時用的方法。

在這本入門的課本上挺進了幾個月之後，我判斷如果要突破單獨自學者所面臨的限制，就得去上正式的語言課。當時的牛津大學有為數十種常見與罕見的語言提供第一流課程，於是我按時去註冊了一個捷克文的初級到中級班。就我的記憶，班上只有兩個人，另外這位同學是一名牛津資深歷史學者的太太，本身也是一位有天分的語言學者。為了跟上她的腳步，用去我很多力氣與時間。

19 中年危機 Midlife Crisis

到了一九八〇年代後期，我已經掌握了「被動的」捷克語文能力。之所以強調「被動」：因為在視聽教室之外很少聽到有人說捷克語；我也只拜訪過捷克幾次，而且最重要的是，我漸漸發現，在步入中年不算太久的這個年紀，要完全掌握一種外國語言真是談何容易。不過我的閱讀能力令自己相當滿意。我讀的第一本書是卡雷爾·恰彼克的《托馬斯·馬薩里克訪談錄》。恰彼克是這個國家最重要的劇作家；這本書收錄了他與第一任總統馬薩里克[1]一系列精彩的訪談與意見交換。在恰彼克之後，我繼續讀哈維爾[2]，並開始寫關於他的文章。

學捷克文，也把我帶往捷克斯洛伐克[3]。我於一九八五與八六年兩次去到那裡，任務是在羅傑·史克拉頓招募的書籍走私兵團擔任一員小兵，以支援被捷克各大學開除（或禁止就讀）的教師與學生。我在私人公寓裡給滿屋子全神貫注的年輕學生

1 捷克斯洛伐克在第一次大戰之前屬於奧匈帝國，戰後於一九一八年獨立為共和國，由馬薩里克出任第一任總統（1918-1935）。

2 瓦茨拉夫·哈維爾（Vaclav Havel, 1936-2011），捷克文學家、異議人士，一九八九年獲選捷克半世紀以來第一任民選總統。

3 捷克斯洛伐克於一九九三年和平分裂為捷克與斯洛伐克兩個國家。

講課；他們渴望辯論，而且對學術的名望與流行一無所知，令人耳目一新。當然，我講課使用英語（儘管老一點的教授更傾向用德語）。偶而我也有機會使用我的捷克語，但最多是回答便衣警察的問話：他們就站在異議者公寓外的燈柱下，遇有訪客就問一下時間，以確認是不是外國人。然而這樣的情況少到令人不可置信。

那個時代的布拉格是一個灰暗與悲傷的地方。古斯塔夫·胡薩克[4]統治下的捷克如果用共產黨的標準來看，也許可以算是富裕（僅次於匈牙利），但是實際上仍是一個肅殺與抑鬱的國家。那時期的共產主義是一套已然死去、被禁錮在一個腐爛社會裡的教條；不會有人在親眼看過之後，還能對其前景懷有任何幻想。儘管如此，我待在那裡的時候總是處在接連不斷的熱血與興奮之中；每次回到牛津都是充滿能量，心中脈動著各種構想。

我開始教授東歐史的課程，而且——帶著些許惶恐——也開始寫這方面的題材。特別的是，我開始深度關切、也參與那裡的非正式與地下的反對運動。閱讀、討論、以及（最後）結識像瓦茨拉夫·哈維爾、亞當·米奇尼克[5]、亞諾斯·奇斯[6]這樣的人以及他們的朋友，讓我重新找回對政治的熱情、重新以學者與知識分子的身分對當前的急迫議題產生興趣：這種急迫性對我來說至少從一九六〇年代末期以後就不再熟悉，而且比我所能回憶起的那個時代的任何事件都更加嚴重也更為影響深遠。如果我說，一頭栽入中東歐這件事讓我整個人活了起來，應該不算太誇張。不，那也許就是事實。

回到牛津後，我頻繁拜訪相關專家以及該地區來的避難者。我建立了一些計劃，以接待被蘇維埃集團驅逐的知識分子。我甚至開始提攜有志的年輕歷史學者與其他人，來關注歐洲這一塊面貌模糊、乏人研究到了不合理地步的區域——後來當我把陣地轉到紐約之後，又用遠遠更豐沛的資金繼續推動這個項目。

特別是透過波蘭，以及我在那裡新結識的與流亡在外的波蘭朋友，我得以跟自己源自東歐猶太的家族過往建立連繫。最重要的是，我發現波蘭有為數甚多且非常

4 古斯塔夫・胡薩克（Gustáv Husák, 1913-1991），一九六八年布拉格之春後的捷克共黨領導人，任內肅清黨內改革派，一九八九年於天鵝絨革命發生時下台。

5 亞當・米奇尼克（Adam Michnik, 1946-），波蘭歷史家、異議人士、公共知識分子。

6 亞諾斯・奇斯（János Kis, 1943），匈牙利哲學家與政治學者。

迷人的文學作品，但我先前從來不會注意——為此我一直感到難堪不已。這個缺失無疑可以歸咎於英國教育視野狹隘的特質，連最菁英的教育也無法倖免，但說到底仍舊是我自己的責任。

換句話說，學捷克文把我變成一個十分異類的學者、歷史家跟個人。如果我原先選的是別的語言，比如說波蘭文，結果會不會非常不一樣？我的朋友們都覺得當然會。對他們來說，捷克文是一個很小的斯拉夫語文（就像後來我的俄國同事形容波蘭文那樣），我卻令人費解地選擇鑽研這個在他們眼中相當於（好比說）威爾斯史的領域。但我並不這樣想。我以為，波蘭人（或俄羅斯人）壯闊的文化意識恰好是我想要繞過的；我更喜歡捷克特有的不確定、文化不自信以及充滿懷疑的自我解嘲等氣質。這種氣質是我原本在猶太人的文學裡就熟讀的，比如卡夫卡；然而卡夫卡也是最出色的捷克作家。

如果不是我對捷克文的這種迷戀，我一定不會在一九八九年十一月來到布拉格，從舊城廣場上的一個陽台觀看哈維爾接下總統職位。我也不會坐在布達佩斯的蓋勒旅館裡，聆聽亞諾斯．奇斯闡釋他對後共產主義的匈牙利如何實行社會民主主義的大計——這是東歐地區最好的希望，但即使在當時也難有實現的機會。我也不會在幾年之後，去到外西凡尼亞北部的馬拉默爾地區[7]，為羅馬尼亞後共產主義的歷史創傷蒐集材料。

更重要的是，我也不可能寫出《戰後歐洲六十年》，一本關於一九四五年以降的歐洲史。不論有哪些缺失，我在書中堅決把歐洲的兩個半邊整合進一個共同的故事，這是很罕見的。從某種角度來說，《戰後》反映的是我試著成為一個全面的歐洲歷史學家，而不是（在幡然悔悟之後）成為一個法國歷史學的評論者。我的捷克冒險並沒有給我帶來一個新的妻子（這在很久之後才發生，而且只是間接的），更沒有讓我買台新車。但那是我所能希望的最好的中年危機。那些經歷讓我永遠不會墜入後現代學術方法論的自戀中。那些經歷使我成為——不論結果是好是壞——一個可信的公共知識分子。在天上與地上有更多東西是我們在西方哲學裡不曾夢到過的，而我，儘管為時甚晚，曾經看過其中一小塊。

7 外西凡尼亞是羅馬尼亞中部的大型台地。馬拉默爾在特蘭西瓦尼亞之北，與烏克蘭接壤。兩者都是歷史上的地理名詞。

20

被禁錮的心靈
Captive Minds

幾年前我去造訪波蘭接近立陶宛邊界的克拉斯諾格魯達，切斯瓦夫．米沃什[1]在那裡的鄉間別墅業已修復。邀請我去的人是克日什托夫．奇熱夫斯基，邊緣地帶基金會董事長；這個機構正致力於讓這個地區的衝突歷史記憶得到重視，並且促進當地居民的和解。那是冬日最深的時節，視線所及，只見田野被白雪所覆蓋，偶而有一兩叢冰封的樹，此外就是標誌國界的界標。

東道主談起他計劃為米沃什的祖宅舉辦文化交流活動，越說越熱情，但是我卻

1 切斯瓦夫．米沃什（Czesław Miłosz, 1911-2004），生於立陶宛的波蘭詩人與外交官，一九八〇年獲諾貝爾文學獎。

掉進自己的思緒裡：再往北約七十哩，立陶宛的皮爾維斯奇，我父親家族裡姓亞比該的這一支就住在那裡，也在那裡滅絕（有些是死於納粹之手）。我們一位遠親邁爾．倫敦於一八九一年從隔壁村移民到紐約；一九一四年當選為美國社會黨第二位國會議員，但隨即被富裕的紐約猶太人與美國錫安主義者聯手用不光彩的手段罷免了：前者為他的社會主義焦慮不安，後者為了他毫不遮掩地懷疑錫安主義而驚恐不已。

對米沃什來說，克拉斯諾格魯達（意思是「紅色土壤」）是他的「故土」（他用的波蘭原文是Rodzinna Europa[2]，更準確的翻譯是「歐洲的祖國」或「歐洲的家族」）。但是對我來說，當我凝視這片荒涼的白色風景，這塊地方卻代表了耶德瓦布內屠殺[3]、卡廷慘案[4]以及娘子谷大屠殺[5]（全都在容易到達的距離內），更不用說本地附近的黑暗回憶。參訪活動的主辦人對這些當然全都清楚。事實上，楊．格羅斯[6]引發軒然大波的耶德瓦布內屠殺調查報告，波蘭原版就是由奇熱夫斯基出版的[7]。但是波蘭二十世紀最偉大的詩人在場，超越了籠罩在這塊土地上的悲劇。

米沃什於一九一一年出生在當時屬於俄國的立陶宛。事實上，像許多偉大的波蘭文學名人一樣，從地理空間的標準來看，他也不是嚴格意義下的「波蘭人」。亞當．

扎加耶夫斯基，這個國家仍然在世的最重要詩人之一，出生於烏克蘭；耶日・基德羅茨，二十世紀流亡文學家的主要人物，出生於白俄羅斯，跟十九世紀波蘭文學復興的偶像人物亞當・密茨凱維奇[8]一樣。立陶宛的首都維爾紐斯尤其是一個受各國

2 作者註：*Czesław Miłosz, Native Realm (Rodzinna Europa)* (1959; Doubleday, 1968)

3 耶德瓦布內是波蘭東北部的小鎮，距離克拉斯諾格魯達約兩小時車程。一九四一年七月德國佔領波蘭期間，小鎮至少有三百四十名（一說一千六百名）猶太人遭到殺害。根據二〇〇三年完成的新調查，兇手是耶德瓦布內小鎮的波蘭人；納粹警察對此採取默許的態度。

4 一九四〇年四至五月蘇聯秘密警察對被俘的波蘭戰俘、警察、知識分子、公務員等人進行大屠殺，死亡人數估計約兩萬兩千人。地點在俄羅斯境內的卡廷森林一處戰俘營。屠殺事件於一九四三年為納粹德國揭發。蘇聯當局遲至一九九〇年才承認自己必須負責，但只承認死亡人數為一八〇三人。

5 娘子谷是烏克蘭基輔附近的一個山溝。一九四一年九月二十九日至三十日，德國納粹軍警於此處殺害超過三萬三千名猶太人。

6 楊・格羅斯（Jan Gross, 1947-），波蘭出生的美國歷史學家，因參與六八年學生運動被迫退學並入獄，之後移民美國，現為普林斯頓大學教授。

7 作者註：Jan Gross, Neighbors; *The Destruction of the Jewish Community in Jedwabne*, Poland (Princeton University Press, 2001). 譯註：此書最早是以波蘭文在奇熱夫斯基主持的邊境地帶出版社（Borderland Publishing House）出版，比英文版早一年。

8 亞當・密茨凱維奇（Adam Mickiewicz, 1798-1855），波蘭十九世紀浪漫主義代表詩人。

文化影響的大雜燴，包括波蘭人、立陶宛人、德國人、俄羅斯人，還有猶太人跟其他許多民族（以撒．柏林跟哈佛大學政治哲學家朱蒂絲．施克萊都出生在離此不遠的里加）。

米沃什成長於兩次大戰間的波蘭共和國，在納粹佔領期間活了下來，當他被派往巴黎為新成立的波蘭人民共和國擔任文化專員時，已經是小有名聲的詩人。但是一九五一年他叛逃到西方，並在兩年後出版了他最具影響力的作品：《被禁錮的心靈》[9]。這本書對於知識分子何以受到史達林主義的吸引，以及更普遍而言，威權與專制主義何以對知識階層產生號召力，做出了遠比其他人更具洞察力、也更經得起時間考驗的說明，因此出版後從未停止再版。

米沃什研究了和他同代的四個人，看他們從自主走向順從的過程中如何自我蒙蔽，他強調知識分子有一種——如他所指稱的——對「歸屬感」的需求。他研究的其中兩個對象，耶日．安德列耶夫斯基與塔德烏斯．伯羅夫斯基，英國讀者可能並不陌生：安德列耶夫斯基是《灰燼與鑽石》的作者（由波蘭導演安德烈．華伊達改編搬上銀幕）；伯羅夫斯基則寫了一本尖銳批判奧許維茲集中營的回憶錄：《各位女士先生，毒氣室這邊請》。

但是這本書有兩個意象最令人難忘。一個是「慕爾提—賓的藥丸」（Pill of Murti-Bing）。米沃什是偶然在斯坦尼斯瓦夫・維特凱維奇一本古怪的小說《不滿足》裡看到這個題材的。小說中，中歐人眼看就要被不知名的亞洲游牧民族入侵，於是吞服一種藥丸，以便擺脫心裡的恐懼與焦慮。在藥效的催動下，中歐人不只接受了他們的新統治者，還歡天喜地迎接他們。

第二個意象是凱特曼（Ketman），借自亞瑟・德・戈賓諾的《中亞宗教與哲學》一書。這位法國旅遊探險家描述波斯有一種選擇性身分認同的現象，叫作「凱特曼」。誰要是在思想與行為上精通這種技術，就能夠毫無窒礙地說一件事但相信另一件事；統治者無論提出什麼要求，都能自如地改變適應，但又同時相信自己在內心某處保留了一個自由思想者的自主性——或者至少相信自己是自由地選擇了把自己置於他人的理念與指令之下。

9 作者註：Czesław Miłosz, *The Captive Mind (Zniewolony umsyl)* (1953; Vintage, 1981)

用米沃什的話來說，「凱特曼」帶來「舒適感，鼓勵不現實的夢想；甚至正在關閉的圍籬都提供了做白日夢的慰藉」。為抽屜寫作成了內在自由的象徵。至少他的讀者會把他當一回事，只要他們有一天能讀到的話。

西方經濟體系折磨藝術家與學者的地方，是讓他們害怕自己成為無人聆聽、無人在乎的人。然而這種害怕在東歐知識分子之間同樣普遍。他們說，寧可跟一個智力高的魔鬼過招，也不願對手是一個溫吞的白痴。

在凱特曼與慕爾提—賓藥丸之間，米沃什對苟且的追隨者、受騙的理想主義者以及憤世嫉俗的苟且度日者的心理狀態做了犀利的解剖。他的散文比亞瑟．柯斯勒的《正午的黑暗》更細緻，邏輯推論也不像雷蒙．阿宏的《知識分子的鴉片》那樣毫不容情。在過去許多年裡，我最喜歡的課是「中歐與東歐散文與小說的整體考察」；在這堂課上，我總要教米沃什這本書；其他還包括米蘭．昆德拉、瓦茨拉夫．哈維爾、伊沃．安德里奇[10]、海達．柯瓦利[11]、保羅．戈瑪[12]以及其他人的著作。

但是我後來注意到，昆德拉跟安德里奇的小說，或者柯瓦利與葉夫珍妮亞．金斯伯格[13]的回憶錄，儘管題材陌生，對美國學生來說還算是易懂的作品。然而《被禁錮的心靈》，學生卻常常表示無法理解。米沃什預設他的讀者能直覺地了解信徒的心理狀態是怎麼回事：無論男女，只要他自認與歷史走向一致，並熱烈地向一個扼殺表達自由的體系靠攏看齊，他（她）就是信徒。在一九五一年，米沃什可以合理地認為這個信徒的現象是大家都熟悉的，無論信的是共產主義、法西斯主義，或者事實上任何其他形式的政治壓迫。

事實上，當我在一九七〇年代開始教這本書時，花我最多時間的，是對那些想要成為激進分子的學生解釋，為什麼「被禁錮的心靈」是一件壞事。三十年後，聽我講課的年輕人根本完全迷惑了：他們不理解，為什麼有人會把靈魂賣給任何理念，更不用說賣給一個專制的理念？在跨入二十一世紀之際，我在北美洲的學生很少有人真的見過一個馬克思主義者。否定自我、完全獻身於一個世俗的信念，這已

10 伊沃．安德里奇（Ivo Andrić, 1892-1975），塞爾維亞詩人、小說家。一九六一年諾貝爾文學獎得主。
11 海達．柯瓦利（Heda Kovály, 1919-2010），捷克作家與譯者，猶太人，一生遭受納粹政權與共黨政權迫害，布拉格之春後前往美國。
12 保羅．戈瑪（Paul Goma, 1935-2020），羅馬尼亞作家，因反對共黨政權遭到放逐，成為無國籍之人。
13 葉夫珍妮亞．金斯伯格（Yevgenia Ginzburg, 1904-1977），俄國作家，曾在古拉格群島被監禁十八年。

經超乎他們的想像能力之外。從前剛開始教書時，我的挑戰是得向學生解釋，為什麼人們會對馬克思主義產生錯覺。今天，一個老師所無法跨越的障礙變成：該怎麼解釋這個錯覺本身。

現在的學生不理解這本書的重要性何在：所有講解似乎徒勞無功。壓迫、痛苦、反諷、甚至宗教信仰，這些他們能掌握。但是意識型態的自我欺騙？那是什麼？因此這些在米沃什身後讀他的書的讀者，非常像當時的西方人以及已流亡外國者的反應：他們對極權下的生活渾然不解。米沃什對此做了極佳的陳述：「他們不知道一個人如何付出——那些在國外的人根本不知道。他們不知道一個人買到什麼，以及付出什麼代價。」

或許如此。但是被禁錮不是只有一種。我們可以回想一下，不過是幾年之前，當小布希歇斯底里般地決心開戰，有多少知識分子如同處在凱特曼那樣如痴如狂地跟隨了這股熱潮？他們當中或許很少人會承認自己對小布希五體投地，更不會承認自己的世界觀跟他相同。所以，他們一方面站到他身後跟他同一陣線，一方面無疑又私下對此有所保留。後來當情況明白顯示他們犯了錯誤，他們就把責任推到政府的頭上。用凱特曼的標準來看，他們實際上等於自豪地主張：「我們的錯誤是正確的」——發人深省的是，或許他們沒有意識到，這句話呼應了六八世代法國左派學生的自我辯護：「寧可跟沙特一起錯誤，也不要跟阿宏一起正確[14]。」

今天，我們仍舊聽到有人畢畢剝剝地嘗試重新點燃已經冰冷的戰火，以便煽起一支十字軍東征來攻打「伊斯蘭法西斯主義」。但是在我們這個時代，真正的心靈禁錮是在別的地方。我們今日對「市場」的信仰，其實是亦步亦驅地追隨其十九世紀激進的孿生兄弟——對必然性、進步以及歷史毫無保留的信賴。就像一九二九至三一年間倒楣的英國工黨首相菲利浦．史諾登在經濟大蕭條面前高舉白旗，宣稱對資本主義無從迴避的法則做出抵抗是毫無意義的；同樣地，今天歐洲的領袖們也快步地衝向預算裁減，以便討「市場」的歡心。

但是「市場」，就像從前的「辯證唯物論」一樣，不過是個抽象概念：它同時是極端理性的，因為市場的論述勝過所有其他論述；但也是非理性的極致，因為市

14 當時學生間流行的一句話。雷蒙．阿宏對革命派學生冷眼批判，令學生非常反感。

場本身不容許質疑。市場有真正的信仰者——跟市場理論真正的創始宗師比較起來，他們是平庸的思想家，然而仍舊很有影響力。有得過且過的同路人——他們或許私下對教條的主張有所懷疑，但除了繼續宣傳鼓吹之外也覺得別無選擇。還有受害者——他們當中（特別是在美國的那些人）已經適時地吞下藥丸，而且自豪地高唱市場教條的美好，但是那些好處他們自己永遠也享受不到。

最重要的是，要衡量一群人受意識型態束縛的程度，最好的辦法就是看他們集體是否無法想像其他的替代選項。我們知道得很清楚，毫無保留地信賴完全自由的市場是會要人命的：把直到不久之前被稱為「華盛頓共識」的規範嚴格地適用到經濟脆弱的發展中國家——包括強調緊縮的財政政策、私有化、低關稅與法規鬆綁——已經摧毀了數以百萬計家戶的生計。與此同時，供應關鍵藥品的「商業條件」過於嚴苛，已經使許多地方的預期壽命大幅減低。套句柴契爾夫人不朽的名言，「我們沒有其他選擇。」

在二次大戰結束後，共產主義就是在這類說法下被呈現給其受益者；而且由於在共產主義的未來之外歷史並未提供其他明顯的選項，所以無數史達林的外國仰慕者很快就墜入智識上的禁錮狀態。不過當米沃什發表《被禁錮的心靈》時，西方的知識分子仍會辯論幾種有實質意義、也相互競爭的社會模型，不論是社會民主主義、社會市場制，或者作為自由資本主義變種的規範市場制。但是今天，儘管偶有凱因斯派從最底層發出一點抗議，佔主宰地位的卻只有一個共識。

對米沃什來說，「東歐人無法認真看待美國人的意見，因為美國人從來沒有經歷過這種特殊經驗：他們不知道人們的判斷與思考習慣是多麼相對性的東西。」這無疑是正確的；這也解釋了為什麼東歐持續用懷疑的心態面對西歐的無辜。但是如果西方的（以及東方的）評論者自願接受一個新的泛正統信仰的奴役，那就沒有什麼無辜可言。他們當中的許多人，像修煉了凱特曼一樣：明知有問題，卻選擇不當出頭鳥。至少在這個意義上，他們跟蘇共時代的知識分子真的有某些共同之處。在誕生一百年後，在他影響深遠的作品出版五十七年後的今天[15]，米沃什對奴從的知識分子的控訴聽起來比任何時候都更真實；那個控訴是：「他的主要特質，就是害怕獨立思考。」

15 米沃什生於一九一一年，《被禁錮的心靈》出版於一九五三年。作者此文寫於二〇一〇年。

21

女孩們
Girls, Girls, Girls

一九九二年時，我是紐約大學歷史系主任，也是系上六十歲以下唯一沒有結婚的異性戀男子。在我辦公室門外的看板上，大學性騷擾中心的位置與電話就貼在顯著的位置：這個組合多麼容易出問題。歷史系是一個快速被女性攻佔的領域，還有一個對性別歧視（或更糟的事）的跡象充分警覺的研究生社群。肢體碰觸，會構成意圖不良的侵犯；再把門關上，那就是確鑿的證據。

在我上任後不久，一位二年級的研究生來找我。她先前是職業芭蕾舞者，對研究東歐有興趣，所以有人鼓勵她來找我指導。那個學期我沒有開課，本來可以請她以後再來。但我還是讓她進了辦公室。在關門進行一段關於匈牙利經濟改革的討論之後，我提議一個獨立研究的教程——第一次進行就在次日晚上一間附近的餐廳。上過幾次課後，在一次故作勇敢的衝動下，我邀請她去看《歐雷亞那》的首演——大衛．馬密蹩腳的舞台劇，劇情是發生在一個大學校園裡的性騷擾事件。

該如何解釋這樣自我毀滅的行為？以為當前談性色變的社會要單獨放過我一人，讓我免受懲罰，以為性道德正確的警鐘不會為我敲響？我熟讀傅柯的程度不下於任何人，對費爾斯通、米洛特、布朗米勒、法魯迪以及許多這類女性作者[1]，也不會陌生。聲稱這女孩的一雙眼睛令人難以抗拒，我的動機是……還不確定，對我並不會有什麼幫助。我的理由？*先生，拜託，我可是六〇年代的人*。

在六〇年代初期，一個青少年男性的生活有著非比尋常的侷限。我們仍舊棲息在父母的道德世界裡。約會十分困難，因為誰都沒有汽車。家裡太小，沒有隱私可言。避孕措施雖然弄得到，但你得願意面對嚴詞拒絕的藥劑師。社會廣泛認定，不論是男孩或女孩，對性是既無經驗也無知識。我認識的大多數男孩都讀男校；我們幾乎沒遇過幾個女孩。我跟一位朋友把辛苦賺來的錢拿去上星期六早晨的舞蹈課（在斯特里漢姆區的洛加諾舞廳）；但是到了年度社交舞會的時候，戈多芬與拉提默中學[2]的女孩們還是覺得我們很可笑。我們於是提前結束了這個實驗。

就算你真的找到約會對象，那也會像在對你的祖母求愛。那個時代的女孩們赴約時，身上會有由衣鉤、腰帶、束腰、絲襪、緊身褡、吊帶、襯裙跟百褶襯裙構築起來的馬其諾防線，完全不可穿越。比我大的男孩對我保證，那些只是撩人的重裝備，要繞過十分容易。但是我覺得那些東西很嚇人。而且我的反應並不獨特；很多那個時期的電影與小說都能說明為什麼。那個年代，我們全都住在「卻西爾海灘」[3]。

❖ ❖ ❖

1 作者註：這些女士分別著有以下作品：《性的辯證法》（*The Dialectic of Sex*）、《性的政治》（*Sexual Politics*）、《我們並不情願》（*Against Our Will*）以及《強烈抵制：對美國女性未曾宣戰的戰爭》（*Backlash: The Undeclared War Against American Women*）。

2 倫敦西區的私立女子中學。

3 《卻西爾海灘》是英國作家伊恩．麥克尤恩（Ian McEwan）的小說，描寫六〇年代一對新婚夫婦在卻西爾海灘的旅館度蜜月的情形。太太因為上流社會的禮教束縛而對性愛心生排斥，導致夫婦關係生變。

接著，讓我們大感意外的是，原來我們成了「性革命」的一部分。在短短幾個月的時間裡，一整個世代的年輕女子拋棄了百年之久的女用貼身內衣，穿起了迷你裙加（或不加）褲襪。我所認識的一九五二年之後出生的男性，很少人聽過那些內衣款式，遇過就更不用說。法國流行歌手安托開心地唱著在不二價商店（大概是法國的 K-Mart）買避孕藥[4]。在劍橋，我幫一位朋友安排為女友墮胎，真是既冷酷又老練。所有人都在「玩火」。

或者宣稱在玩火。我這個世代對理論與實踐這一組區隔十分著迷——我在加州認識一個人，他的博士論文題目是《「理論與實踐」的理論與實踐》。在性的問題上，我們也體現了這種對照。**理論**上，我們驕傲地自認走在最尖端。但是**實踐**上，我們是一群循規蹈矩的乖乖牌：形塑我們的，更大程度是五〇年代的童年時期，而不是六〇年代的青少年時期。我們當中很年輕就結婚的比例高得驚人——對象還常常是第一個認真交往的女友。而且在這些人裡，多數人的婚姻都能維持。我們捍衛每個人有不可剝奪的權利去做任何事，自己卻沒有多少場合使用這些權利。

我們的長輩成長於像《幸運兒吉姆》到《憤怒的回顧》那種會引起幽閉恐懼的世

界裡。他們學習遵守各種界線，於是這些界線也一直限制著他們。他們也許會想引誘辦公室裡的年輕屬下或者女學生，但是本能上卻是嚴守規則的：他們不預期自己會把幻想付諸實現。我們呢，則常常感到把幻想跟日常生活區分開來有些困難。六〇年代的唯我主義——「上床，不要上戰場」、「做你自己就好」、「完全放鬆不再多慮」——確實摧毀了禁忌。但是那也減弱了良知的聲音：再沒有什麼是「禁止入內」的了。

一九八一年，在我到牛津之後不久，我邀請一位學生跟她的男友到家裡晚餐。我跟太太住在一個鄉間別墅裡；當這對年輕人到達時，正好下起濃密的大雪。他們勢必得待在這裡過夜。我隨意指了只有一張雙人床的小客房，就跟他們道晚安。過了很久我才想到，那他們豈不是得睡在一起？幾天之後我技巧地間接提起這件事，這位年輕的女子輕拍了我的肩膀，說：「別擔心，東尼，我們不怪你。你們六〇世代都這樣！」

這些比我們新一代的人，在從舊式的束縛裡解放出來後，又給自己加上新的限制。從一九七〇年開始，美國人一絲不苟地避免一切可能含有性騷擾意味的言行，

4 作者註：「要如何報效國家？把不二價商店特賣的避孕藥丟掉就行。」（Comment faire pour enrichir le pays? Mettez la pillule en vente dans les Monoprix. Elucubrations, 1966.）

即使那意味著可能損及可望開展的友誼以及喪失了調情的樂趣。像比我早十年的男性一樣（雖然出於非常不同的原因），他們也超乎尋常地提防在這上面犯錯。我覺得這是令人沮喪的。清教徒有完備的神學理由來限制自己的跟他人的慾望。但是今天這些循規蹈矩的年輕人沒有類似的故事可說。

儘管如此，這個時期的性關係焦慮三不五時會以可笑的方式釋放出來。當我在紐約大學擔任人文學院院長時，一位前景看好的年輕教授被自己系上的一位研究生指控有不當的追求。他顯然尾隨她進了一間儲藏室，並對她告白。當面問起後，這位教授對我承認了一切，也求我不要告訴他太太。我對他有一半的同情：這個年輕人的行為固然愚蠢，但是他完全沒有恫嚇學生，也沒有拿分數交換性服務。然而他還是受到懲戒了。事實上，他的前途也毀了——系上後來拒絕給他終身聘用，因為沒有女生願意修他的課。與此同時，學校給他的「受害者」提供了例常的心理諮商。

幾年之後，我被找去大學律師辦公室。有位女生對大學提起訴訟，校方問我能不能以證人的身分出庭，為身為辯方的大學提供證詞？律師特別警告我，這位「她」實際上曾經是「他」，控告大學的理由是校方未能正視「她」作為變性人的需求。

我們必須打贏這個官司，但是也不能被認為對這個問題漠不關心。

於是我出現在曼哈頓最高法院，對陪審團解釋學院裡性騷擾問題的複雜性（陪審團由一群水管工與家庭主婦組成，他們覺得案子有點好笑）。女學生的律師極力強調：「你難道沒有因為我的當事人跨性別的認同偏好而對她懷有偏見？」「我想不出來這如何可能，」我回答道，「我一直以為她是女性——這難道不正是她希望我對她採取的認知嗎？」官司以大學勝訴告終。

另外有一次，一名學生向校方投訴，說我因為她沒有提供性服務而「歧視」她。當系上的獨立調查人——一位通情達理的女士，且有無懈可擊的激進背景——進行調查，結果是這位投訴者為了沒有獲邀參加我的研討課而心生怨恨：她認定能進來的女生一定是獲得了（而且提供了）特殊待遇。我解釋，其他人能進來，是因為比較聰明。這位女生登時目瞪口呆：性是她唯一能想像的歧視形態。她從未想過我也可能不過是個菁英主義者。

❖

❖

❖

21 女孩們
Girls, Girls, Girls

這個故事說明很多事。當跟歐洲學生討論到有露骨性描寫的文學時，比如米蘭・昆德拉這個明顯的例子，我總是發現他們能自在地辯論這個主題。相反地，年輕的美國學生，無論男女，即使平常都坦率且樂於配合，這時總是變得不安與沉默：他們不願意參與這個主題的討論，唯恐踰越了那條看不見的界線。然而當他們要解釋真實世界裡成人的行為時，性——或者用術語來說，性別——卻是他們第一個想到的東西。

在這一點上，就像在許多活動領域裡一樣，我們全然把六〇年代太當成一回事了。我們過分關注性（或者性別）對性造成的扭曲，跟對性避而不談是一樣的嚴重。只有那些把政治當成業餘消遣的人才會想到把性別（或者「種族」或「族群」或「我」）放到社會階級或收入層級的地位上來談；這不過是把自我投射到總體世界上。

為什麼一切事情都得跟「我」有關？我對自我的種種關注，對於公共社群會有什麼意義嗎？我個人特殊的需要，依定義就一定牽涉到更廣泛的關懷嗎？說「個人的即是政治的」（the personal is political）的人，到底想傳達什麼意思[5]？如果一切都是「政治的」，那就沒有任何東西是。我想起格特魯德・史坦因[6]談當代文學的牛津講座演說。有人問，「可以談一下女性問題嗎？」史坦因的回答應該被刻寫在從波士頓到柏克萊每一間大學的告示板上：「不是每件事都能跟任何事相關。」

我們青少年時鬧著玩的口號，成了後來世代的生活方式。至少在六〇年代，不管我們嘴裏說著什麼，我們知道性牽涉到的……就只是性。不過，後來發生的事仍然是我們的責任。我們——一群左派、學院人士、大學教師——把政治拱手讓給那些遠遠更關注真實權力（而不僅是權力所隱喻的含意）的人。政治正確、性別政治、尤其是對情感傷害的過度敏感（好像人有不受冒犯的權利一樣）：這些都將是我們的遺產。

為什麼我不能關上辦公室的門、不能帶一個學生去看劇？如果我遲疑的話，豈不代表集體主義裡最壞的那種自我審查已經內化成我的一部分——遠遠在被指控之前就預先想到自己的罪過，並為別人樹立一個膽小怯懦的榜樣？是的：而且僅僅因為這些理由，我就不覺得自己的行為有任何問題。但是如果不是因為在牛津劍橋那

5 六〇年代晚期學生運動與女性主義的流行標語。

6 格特魯德・史坦因（Gertrude Stein, 1874-1976），美國小說家、詩人、劇作家，是現代主義文學的先驅者，也是現代藝術的收藏家。長年定居巴黎，與愛麗絲・托克拉斯（Alice Toklas）維持一輩子的同志關係。

些年裡擔任行政高層給我帶來的自信，我也可能沒有勇氣實踐自己的確信——雖然我也樂於承認，知識分子的傲慢以及對所屬世代的優越自信，尤其當這兩者以不定的比例混合起來時，真可以激起一種自以為沒有弱點的錯覺。

確實，就是這種無限地自以為有資格——而且還推到極端——才能解釋為什麼比爾．柯林頓會做出自我毀滅的性踰越，或者為什麼東尼．布萊爾會堅持他靠撒謊走入戰爭並沒有錯，他以為只有他一個人才可以評估戰爭是否必要。但是也值得注意的是，儘管有那些肆無忌憚的拈花惹草與裝腔作勢，柯林頓與布萊爾仍然跟他們第一個認真交往的約會對象結婚，就像小布希、高爾、布朗以及許許多多我這個世代的人一樣。我不能宣稱自己有這麼好——我在一九七七年離婚一次，在一九八六年又離了一次——但是在其他方面，六〇年代那種激進態度與家庭傳統奇怪的融合也同樣束縛著我。所以我是怎麼躲過性騷擾警察的？當我偷偷摸摸跟我眼睛閃亮的芭蕾舞女孩約會的時候，他們一定早就盯上我了吧？

親愛的讀者：我跟她結婚了。

22

紐約，紐約
New York, New York

我之所以在一九八七年轉到紐約大學，是突然決定的。柴契爾黨人對英國高等教育的襲擊正要開始；即使在牛津，前景也是一片灰暗。我對紐約大學很感興趣。一八三一年創校，一點也談不上年輕，但在紐約諸多知名大學之間還算是小老弟。與其說是一座「山上的城」[1]，紐約大學對新的方向更為開放：有別於牛津劍橋與世隔絕的學院世界，紐約大學毫無顧忌地宣傳自己處在一座世界都市的中心，是一所「世界性」的大學。

1 「山上的城」典出聖經馬太福音登山寶訓：「你們是世上的光。城立在山上，是不能隱藏的。」

然而到底什麼叫作「世界都市」呢？有一千八百萬人的墨西哥市，以及人口少一百萬的聖保羅，都是都市肆意擴張的產物，算不上「世界都市」。相反地，巴黎中心區域的居民雖然從未超過兩百萬，卻是「十九世紀的世界首都」。這個資格是由訪客人數決定的嗎？如果是的話，佛羅里達的奧蘭多就得算是重要的大都會了。作為一個國家的首都並不保證任何事：請看馬德里或華盛頓哥倫比亞特區（或當代的巴西利亞）。關鍵甚至不在於財富：在可見不久的將來，上海（一千四百萬人口）與新加坡（人口五百萬）一定會側身世界上最富裕的地區之列。但是他們會是「世界都市」嗎？

我在四個這種都市裡住過。倫敦是從拿破崙戰敗開始直到希特勒崛起為止的世界商業與金融中心。巴黎——作為倫敦永恆的競爭者——是從凡爾賽宮的修築開始直到卡繆過世為止的國際文化磁吸中心。維也納的全盛期恐怕是最短的：其興盛與衰亡與哈布士堡王朝最後的年代同步，不過其光芒的強度蓋過所有城市。然後就是紐約。

我的運氣好壞參半，得以在沒落時期體驗這些城市。在全盛的時代，這些城市非常高傲又充滿自信。在衰微的時代裡，較小的優點就凸顯出來了：人們不再花那麼多時間告訴你，你在這裡是多麼幸運。即使在「搖擺倫敦」[2]的高峰期，這座城市的自我推銷也帶著某種虛弱的味道，彷彿知道這不過是深秋的短暫回暖。

今天，這座英國的首都城市無疑處於地理的中心點——她光鮮浮誇又可怕的機場是世界上最繁忙的一座。這座城市還擁有第一流的劇院以及五彩繽紛的世界風貌——遺憾的是這些年已不復可見。然而這一切全都搖搖晃晃地建立在一個無法持續的基礎上：外來資金。倫敦是「資本的首都」。

當我到巴黎時，世界上大多數的人早已不再說法語（法國人對這一點的理解特別緩慢）。現在還有誰要重新打造他們的城市，連壯麗的林蔭大道也一應俱全，以便博得「東方巴黎」之名（像十九世紀晚期羅馬尼亞人跟他們的勝利大道[3]）？法國人有一個字用來形容一種不安地向內觀看、專注於自我質疑的性情：nombrilisme，意思是「對肚臍眼之凝視」。他們已經這麼做了一個多世紀。

2 通稱一九六〇年代倫敦時尚與文化的興盛時期。
3 羅馬尼亞首都布加勒斯特的主要大街。

我到紐約時，正好可以體會又苦又甜的失落滋味。從一九四五年直到七〇年代，這座城市在藝術上引領世界風潮。如果你想看現代繪畫、體驗音樂或舞蹈，就得去克列門特・格林伯格[4]、雷納德・伯恩斯坦[5]以及喬治・巴蘭欽[6]當道的紐約。文化不只是消費的對象：人們成群湧向紐約也為了創作。曼哈頓在那幾十年裡是有趣與原創的心靈流連忘返的交會之地，而且一批走了又召來一批。沒有任何其他城市能稍微追上。

紐約的猶太文化也過了高峰期。今天誰還在乎《異議》[7]或者（特別是）《評論》[8]這兩本雜誌對這個世界或是向對方說了什麼？伍迪・艾倫在一九七九年的喜劇電影《安妮・霍爾》中還能開玩笑讓這兩家雜誌合併成《異評》，並且預期他廣大的觀眾能聽得懂。但是今天呢？這兩本雜誌以及其他小刊物，把不成比例的心力投注在「以色列」問題上：也許這是美國人最接近「凝視肚臍眼」的地方。

今天紐約的知識分子幫派已經收起了他們的折疊刀，返回他們在郊區的高級住宅裡——不然就是躲在學院系所裡繼續廝殺，與所有其他人類完全失去了連繫。當然，俄國或阿根廷文化界菁英只關注自我的論爭自然也適用這個評語。但是這也是

22 紐約，紐約
New York, New York

為什麼莫斯科或布宜諾斯艾利斯在世界舞台上無足輕重的緣故。紐約的知識分子曾經在世界舞台上引領風騷，但是他們當中的大多數已經步上維也納咖啡館知識社群的後塵：他們成為自己的搞笑版；他們所在的機構與所進行的爭論也只得到地區性的關注。

然而紐約**仍然**是一個世界都市。紐約並非最具美國風味的城市——這個頭銜永遠都屬於芝加哥。紐約處在邊緣之上。就像伊斯坦堡或孟買，紐約最獨特的魅力恰恰是在於：這座城市總是與都會以外的地區維持一種愛抱怨、易爭吵的關係。紐約是一座**目光朝外**的都市，所以對那些覺得往內陸去就會不舒服的人來說深具吸引

4 克列門特．格林伯格（Clement Greenberg, 1909-1994），猶太裔美國當代藝術評論家，抽象表現主義的推動者。

5 雷納德．伯恩斯坦（Leonard Bernstein, 1918-1990），猶太裔美國作曲家、指揮家、鋼琴家，於一九五八至六九年間擔任紐約愛樂交響樂團總監。

6 喬治．巴蘭欽（George Balanchine, 1904-1983），俄裔美國芭蕾舞蹈家與編舞家，紐約芭蕾舞團的創始者。

7 一九五四年一群紐約知識分子創辦的左翼季刊雜誌，關心政治與文化議題。

8 美國猶太委員會（American Jewish Committee）於一九四五年創辦的月刊，關注政治、猶太教與社會文化等議題。

力。紐約從來不單純是一座美國城市，如同巴黎之於法國那樣：紐約總是同時跟美國以外的某些東西也有關連。

在抵達紐約之後不久，有一天我散步到附近一間裁縫店，想要修改幾件衣服。在幫我量過尺寸後，年老的店主抬起眼睛，問：「你衣服送哪裡洗？」「喔，」我回答，「轉角的那間中國洗衣店。」他站起身來，久久地用力看著我，彷彿正一層一層地削開巴黎、劍橋、倫敦南區、安特衛普以及中東各地，然後說：「你為什麼要把送洗的衣服交給那個中國佬？」

現在我都把衣服交給這位裁縫約瑟夫洗；我們會交換意第緒語的單字，以及聽他回憶在俄羅斯的猶太人生活。中餐我會去往南兩個街區的畢提義大利小店；店主是佛羅倫斯人，鄙視信用卡，供應的托斯卡納食物是全紐約最好的。趕時間的話，我也可以跟隔壁一個街區的以色列人買一份炸肉丸；街角那位阿拉伯人烤得滋滋作響的羔羊肉甚至更好吃。

我的理髮師傅們離我只有五十公尺遠：朱塞佩、法蘭科、薩爾瓦多，全都是西西里島人；他們的「英文」很有奇哥．馬克斯[9]的味道。他們住在格林威治村已經非常久，但從未真正落腳。又如何能夠呢？他們整天用西西里方言對彼此吼叫，聲音蓋過他們主要的娛樂與消息來源——一個二十四小時播音的義大利語電台。回家的路上，我喜歡跟克勞德——一個脾氣暴躁、來自布列塔尼、供應女兒讀完倫敦政治經濟學院的糕餅師傅——買一份法式千層酥，然後一口一塊地吃著這些精緻的酥餅。

這些全都在離我的公寓兩個街區的距離之內——而且我還沒提到錫克教徒的書報攤、匈牙利人的麵包店、晚餐會去的希臘人小館（老闆其實是阿爾巴尼亞人，但我們假裝不知情）。往東三條街，就有一個迷你哈布士堡王朝：烏克蘭餐廳、東儀天主教教堂[10]、波蘭雜貨店，當然也有店史悠久的猶太熟食鋪，供應合乎猶太教規的基本食物。全部只缺一間維也納咖啡館——由此可以看出，這樣的店你得到城外有錢的區域才找得到。

這樣的多樣性無疑在倫敦也找得到。但是當前倫敦的文化是依照收入被分隔成

9 奇哥・馬克斯（Chico Marx, 1887-1961），美國喜劇團體「馬克斯兄弟」當中的大哥，通常扮演迷人但不怎麼聰明的騙子，喜歡戴著提洛地區的帽子，穿著襤褸，裝著一副義大利鄉下人的樣子。

10 東儀天主教指保留東正教儀式、但是承認羅馬教廷權威的東方天主教會。與東正教有別。

不同區塊——金絲雀碼頭區是金融樞紐，位於市區核心，與其他的族群聚居區保持不小的距離。相比之下，華爾街是從我住處附近很容易就能走到的地方。巴黎有一些形同隔離的區塊，阿爾及利亞外籍勞工的第三代與塞內加爾的街頭小販在裡面摩肩接踵；阿姆斯特丹有蘇利南人與印尼人的聚居區——這些都是帝國主義的不良後果，今天的歐洲人卻稱之為「外來移民問題」。

但是我們也不該過於浪漫。我很確定，我住處附近的商家店主跟手藝匠人從來不會聚會碰面，彼此間也無話可說：到了晚上他們會回到皇后區或紐澤西州的家裡。如果我對裁縫約瑟夫或理髮師薩爾瓦多說，你們能住在一個「世界都市」真是幸運，他們大概會嗤之以鼻。但是他們確實住在一個世界都市裡：就像二十世紀初期霍克斯頓街區[11]沿街叫賣蔬果的手推車男孩所居住的，跟凱因斯在《凡爾賽和約的經濟後果》一書裡所提醒的，都是同一個作為世界都市的倫敦，即使那些男孩們大概不能理解凱因斯在說什麼。

在紐約大學某一次晚餐派對上，有人問我，我認為美國最重要的三大資產是什麼。我毫不遲疑地回答：「湯瑪斯．傑佛遜[12]、查克．貝里[13]以及《紐約書評》。」為了不被強迫給他們排名，我還援引了光輝的憲法第五修正案[14]。我並不是開玩笑。選湯瑪斯．傑佛遜不需要解釋（雖然在當前教科書審查的氣氛裡，他可能需要一點辯護）。選查克．貝里不需要抱歉。但是《紐約書評》才完美地概括了紐約歷久不衰的國際影響力：這份刊物（創辦於一九六三年）也許是紐約舊日的美好時代如今僅剩的最後一道光芒。

今天我們有《倫敦書評》、《布達佩斯書評》、《雅典書評》、有人提議成立《歐洲書評》、甚至還有《猶太書評》。這些都不是出於巧合，而是這些刊物的每一份，都以各自的方式，向這份典範刊物的影響力致意。然而沒有誰追得上《紐約書評》。為什麼？《倫敦書評》就自身來說也是個典範（雖然我作為不定時的撰稿人必須在此把自己的部分扣除）；但那很明顯是**倫敦的**產物，反映明白無誤的英國的（如果不是牛

11 倫敦東區的一個街區，就在市中心以北，維多利亞時期到二十世紀初是貧民窟聚集的區域。
12 湯瑪斯．傑佛遜（Thomas Jefferson, 1743-1826）美國開國元勳，《獨立宣言》起草人。
13 查克．貝里（Chuck Berry, 1926-），美國吉他手與搖滾歌手，開創搖滾樂的先鋒之一。
14 即人有不被強迫自證其罪的特權，也就是可以行使緘默權。

津劍橋的）大都會左派立場。其他刊物則有擺明的偏向性跟視野狹隘的問題。我受邀為《布達佩斯書評》寫了一篇談匈牙利作家喬治・康拉德的文章，但是因為大逆不道（lèse-majesté）的問題而被抽換掉。有人試著創辦一份《巴黎書評》，但是因為當地認定這份刊物必須作為出版商吹捧與交換文壇偏見的平台，於是以失敗告終。

《紐約書評》[15]之所以特別，正在於關注的不是紐約，也並非主要由紐約人撰稿。像這座城市本身一樣，《紐約書評》跟起源地只有無關緊要的連繫。如果紐約是一個世界都市，並不是因為第二大道上的烏克蘭餐廳，甚至也不是因為那些成群住在布萊頓海灘[16]的烏克蘭人：從克利夫蘭一直到芝加哥的許多地方都能看到他們的蹤跡——而是因為，在基輔的烏克蘭文化人會閱讀這份紐約最著名的刊物。

我們正在經歷美國時代的式微。但是一個國家或霸權的衰亡，會如何影響一座世界都市的生命周期？今天的柏林是一個拚命提升影響力的文化大都會，儘管處在一個中等規模而且相當程度只關注自己的國家裡。至於巴黎，我們已經看到，即使法國國力已經衰敗了將近兩個世紀，這座城市仍然留住了她的魅力。

紐約，這座在世界上比在自己國家裡更自在的都市，可能會比柏林巴黎的情況更好。作為一名歐洲人，我在紐約——比起在英國這個歐盟的半獨立衛星國家裡——更能感覺到自己這個屬性。我有一些在這裡的巴西與阿拉伯朋友也有類似的感受。誠然，我們也都有各自的抱怨。而且，儘管紐約是我唯一能想像自己生活的地方，但是其他有許多地方，出於種種不同的原因，更是我的心之所向。但這也是一種非常紐約的心情。機運讓我成為美國人，但是我選擇當一名紐約人。我或許從來就是紐約人。

15 作者註：我有時會在上面發表文章。
16 紐約布魯克林區南部的海邊街區，以俄語人口大量集中聞名。

23

邊緣人
Edge People

「身分」是一個危險的詞。這個詞在當代的用途極不光彩。在英國，新工黨的高官們即使已經安裝了比任何其他民主國家更多的閉路監視器也不滿意，還想利用「反恐戰爭」的機會，來實施強制性的身分證政策（但至今沒有成功）。在法國與荷蘭，關於身分認同的「全國爭論」被人為挑起，但那只是拙劣的偽裝，骨子裡是把反移民情緒拿來政治炒作——一個公然的詭計，要把國民對經濟的焦慮不安移轉到對少數群體的不滿之上。在義大利，關於身分的政治，在二〇〇九年十二月，淪落為在布雷西亞附近地區挨家挨戶查緝不受歡迎的黑色臉孔，只因為市政府無恥地承諾要給居民一個「白色聖誕節」[1]。

在學院生活裡，這個詞同樣有用意不良的用途。今天的大學生有長長一串關於身分認同的學程可以選擇：「性別研究」、「女性研究」、「亞太裔美國人研究」以及許許多多這類名稱。所有這些次領域學程最大的問題，不在於他們只關注一個特定的少數群體（不論是就種族或地理的意義），而在於他們鼓勵那些少數群體的成員來研究他們自己，並由此否定了通識教育（liberal education）的目標、強化了小群體的宗派與隔離心態——這些正是通識教育原本要破除的。這類學程常常是為在職者創造就業的手段；外人想進去會被積極勸阻。於是黑人研究黑人，同志研究同志，不一而足。

學院的研究興趣也常常追隨流行。這些學程是由集體的唯我論衍生出來的副產品：今天沒有誰是單純的美國人了——而分別是愛爾蘭裔美國人、原住民美國人、非裔美國人等等。大多數人不再說他們先人的語言，也對他們祖先來自的國家所知有限；特別若家族源自於歐洲，這種情況更是嚴重。但是在一個動輒標榜自己受難者身分的世代過去之後，他們把自己幾乎不知道的那個部分當成驕傲的徽章戴在身上：你的祖父母遭受的苦難就成了你的身分認同。在這種競賽中，猶太人的表現特別出色。許多美國猶太人對自己的宗教、文化、傳統語言或歷史的無知到了可悲的地步。但是他們知道奧許維茲集中營，那就夠了。

❖ ❖ ❖

沐浴在這種身分認同的熱水裡總是讓我覺得格格不入。我在英國長大；英文是我思考與寫作的語文。我的出生地倫敦即使在過去數十年裡經歷了種種變遷，於我一直是個熟悉的地方。我對英國相當了解，甚至沾染一些英國的偏見與偏好。但是當我思考或提到英國的一切，直覺上就不會說「我們」：我並不認同自己是英國人。

部分原因或許來自我是猶太人：在我幼年與青少年的時代，猶太人是在信奉基督教的英國裡唯一顯著的少數族群，而且受到些微但是不容誤解的文化歧視。但是

1 布雷西亞是義大利北部靠阿爾卑斯山的城鎮。二〇〇九十二月接近聖誕節之前，警方在市議會的要求下展開搜索非法移民的「白色聖誕節行動」，引發輿論的強烈抗議。

另一方面，我的父母跟有組織的猶太社群保持了很大的距離。我們不慶祝猶太節日（我總是有棵聖誕樹，也有復活節蛋），不遵循拉比[2]的訓喻，對猶太的認同僅限於星期五晚上與祖父母共進晚餐。由於上英國學校，我對聖公會的禮拜儀式比對猶太教的許多儀典與慣例更加熟悉。所以如果我成長為一個猶太人，那也是明顯不像猶太的猶太人。

如此缺乏英國認同，是源自我父親出生於安特衛普的事實嗎？有可能，但是另一方面他也缺少一個傳統的「身分認同」：他並沒有比利時國籍，而是一對從沙皇的俄國來到安特衛普的無國籍移民父母的小孩。今天我們會說，他的父母出生在一個當時還沒成為波蘭與立陶宛的地方。然而這兩個新成立的國家都沒有理睬一對比利時猶太夫婦，更不用說給予國籍。而且，儘管我母親（跟我一樣）是出生於倫敦東區，並因此是一個道地的東區佬，但她的父母卻是來自俄羅斯與羅馬尼亞，我母親不但對這兩個國家一無所知，也不會說那裡的語言。就像數以萬計的猶太移民一樣，他們彼此用意第緒語溝通，然而這種語言不會給他們的小孩帶來任何可辨識的優勢。

於是我既不是英國人，也非猶太人。然而，在不同時期以及以不同方式，我強烈地覺得自己兩者皆是。也許這種遺傳的認同機制不像一般設想的那樣強大？否則多年來我心中建立的對法國的親切感又是怎麼一回事呢？我是一個法國歷史學家嗎？當然我研究了法國的歷史，法語也說得很不錯，但是跟我大多數盎格魯薩克遜的法國研究者同事不一樣的是，我從未愛上巴黎，對巴黎的感覺也總是搖擺矛盾。有人批評我思考或甚至寫文章都像一名法國知識分子——這是一個帶刺的恭維。但是法國知識分子令我提不起興致（除了少數傑出的例外）：被排除在他們那個俱樂部之外會讓我十分高興。

那政治上的認同又如何呢？作為一名在俄國革命陰影下長大的、自學的猶太人的小孩，我從很小開始就對馬克思文本與社會主義歷史有一種浮面的認識——足以讓我在一九六〇年代新左派的狂野拉扯中不致東倒西歪，也讓我穩定地留在社會民主主義的陣營裡。今天，作為一名「公共知識分子」（這個標籤本身其實沒什麼用

2 猶太教的宗教領袖。通常是猶太教會堂的主持者，有資格講授猶太教的教義與律法。

處），我公開支持左派還剩下的一切。

但是在大學裡，許多同事把我看成一隻反動的恐龍。這也不難理解：我儘是教一些死去已久的歐洲人的文字遺產；對不注重理路清晰而追求「個性表達」的學生毫無耐性；認為努力並不能直接代替成績；把我從事的專業視為一個首先依賴於事實而非「理論」的學科；而且對大部分今天被當作歷史學術的東西抱持懷疑的眼光。照一般通行的學術慣例，我算是不可救藥的保守派。所以，哪一個才是真的？

作為一位出生於英國、在美國教書的歐洲史研究者；作為一名對大部分（今天美國人以為的）「猶太文化」感到有點尷尬的猶太人；作為一個常常與自封的激進派同事意見不合的社會民主派，我想我應該在「無根的世界主義者」[3]這個熟悉的罵名中尋求慰藉。然而那個詞對我來說似乎又過於不準確，在抱負上表達了過於蓄意的普遍性。事實上我遠遠不是無根的，而是太深地根植於許多截然不同的傳統裡。

不管怎樣，所有這類標籤都讓我不安。我們見過太多意識型態運動與政治運動，知道排他性的團結（不管以任何形式出現）是需要警惕的事。我們不只應該跟那些明顯令人倒胃的各種主義保持距離——法西斯主義、好戰愛國主義、沙文主義

——也不能對那些比較誘人的主義掉以輕心：共產主義，這個當然，但是也包括民族主義跟猶太復國主義。然後還有民族自尊（national pride）：在薩謬爾．約翰遜[4]把這一點指出來的兩個世紀之後，愛國主義——如同每一個在過去十年裡住在美國的人所能證實的那樣——仍然是流氓與無賴最後的避難所。

❖ ❖ ❖

我喜歡邊緣地帶。在那裡，國家、社群、效忠、親緣、以及根源等等都尷尬地互相碰撞起來——在那裡，世界主義不再是一種身分認同，而是正常的生活環境。這樣的地方一度是大量存在的。直到進入二十世紀之後很久，仍有許多城市是由多元社群與語言構成的——這些社群常常互相對立，偶而發生衝撞，但是多少可以和

3 在史達林反猶運動（1948-1953）中經常出現的辭彙，用來攻擊支持西方理念、欠缺「愛國主義」的猶太知識分子。

4 薩謬爾．約翰遜（Samuel Johnson, 1709-1784）十八世紀英國文學家、著名字典編纂者。

平共存。塞拉耶佛是一個這樣的地方，亞力山卓也是一個。（摩洛哥）丹吉爾、（希臘）薩洛尼卡、（烏克蘭）敖德薩、貝魯特以及伊斯坦堡也全算得上；還有一些較小的城市如（烏克蘭）切爾諾夫策與烏日霍羅德也是。拿美國人固守傳統的標準來看，紐約跟這些已經消逝的世界主義城市在許多面向頗為類似：這就是我會住在這裡的原因。

確實，如果說自己一直處在非主流的邊緣上，多少有一點任性驕縱的意味。只有某些享有非常特殊權利的人士才會如此標榜。大多數人，在大多數的時間裡，是寧願不要這樣與眾不同的；那並不安全。如果所有其他人都是什葉派，那自己最好也是什葉派。如果在丹麥每個人都是高個子白皮膚，那麼如果可能的話，誰願意當個矮個子褐皮膚？就算在一個開放的民主社會裡，要跟所屬社群的主流唱反調，也需要一定程度的倔強才辦得到，特別是當這個社群很小的時候。

但是如果你生在邊緣與邊緣的交錯地帶，而且——拜學院終身聘任的特殊體制之賜——有留在那裡的自由，我會覺得那是一個十分適合俯瞰的枝頭高處：只認識英國的人，對英國又能有多少認識？如果對根源社群的認同對於我的自我認知有根本的重要性，那麼我在如此嚴厲批評以色列——那「猶太人的祖國」、「我的同胞」——之前，或許會感到遲疑。一個自然歸屬感更發達一點的知識分子，直覺上就會自我審查：他們在把家醜外揚之前會猶豫再三。

有別於已故的愛德華・薩依德，我認為自己能了解那些懂得什麼才叫作愛國的人，甚至對他們有同理心。我不認為那種情感是不可理解的；我不過是心裡沒有那種情感而已。然而多年以來，這類狂熱的、無條件的忠誠情感——不管是對一個國家、一個神明、一個理念或一個人物——已經讓我感到十分恐懼。文明只是一層薄薄的表皮，要靠我們對普遍人性的信仰來支撐——然而這個信仰很可能是幻覺。然而，不管是不是幻覺，我們最好能緊緊抱住。因為毫無疑問地，一旦到了戰爭或國內動盪的時期，首先消失的就是這個信仰，連同它給人類惡行施加的鎖鏈。

我猜想，我們正跨入一個充滿麻煩的時代。問題不只在於恐怖分子、銀行家以及氣候變遷等問題將大規模破壞我們的安全感與安定生活。全球化本身——許多以為天下太平的空想家所謂「平坦」的地球——也將成為數十億人擔憂與不確定感的來源，並促使他們向政治領袖尋求保護。「身分」將變得刻薄與吝嗇：從德里到達拉斯那些豪門深鎖的社區圍牆越蓋越高，牆外的窮人與遊民則越聚越多。

作為「丹麥人」、「義大利人」、「美國人」或「歐洲人」將不僅僅是一個身分；對於那些沒能被包括進來的人來說，這個身分將同時代表一種回絕與責難。國家非但不會消失，甚至還將大行其道：國籍所賦予的特權、持卡居留權所提供的保護，將被拿來當作政治的王牌。在老牌的民主國家裡，不容異己的煽動家將堅決要求實施「測驗」——測驗知識水平、本國語言以及忠誠度——以決定絕望的新來者是否應該取得英國、荷蘭或法國的「身分」。事實上他們也已經這樣做了。在這個美麗新世紀裡，我們將懷念那些容忍異己的、在外圍生活的人：那些邊緣人。他們才是我的同胞。

24

東妮 Toni

我從來沒見過東妮・亞未該。她於一九二六年出生在安特衛普，並且一生中絕大部分時間都住在那裡。我們有親戚關係：她是我父親的表妹。我清楚記得她的姊姊莉莉：她是一位身材高大、表情悲傷的女士；從前我的父母常帶我去倫敦西北區某處的一間小房子探望她。我們失去連絡已經很久了；我覺得很可惜。

每次我問我自己——或者被別人問起——當一個猶太人是怎麼回事，就會想起亞未該三姊妹（在莉莉跟東妮之間還有一個蓓拉）。這個問題沒有標準答案：關鍵在於，當一個猶太人對我的意義是什麼，而這跟其他猶太人的想法十分不一樣。對外人來說，操這種心是令人費解的。一個不相信聖經的新教徒、一個宣示否認羅馬教宗權威的天主教徒，或者一個不把穆罕默德當成先知的穆斯林：這些都是自相矛盾的說法。但是一個否認拉比權威的猶太人仍然是猶太人（即使根據的還是拉比自己的母系決定論[1]）。那還有誰能說他不是呢？

我不接受拉比的權威——一個都不接受（為此我有拉比權威的支持）。我不參加猶太人的社群生活，不奉行猶太教的儀式。我不特別重視與猶太人保持社交，而且我結過婚的對象多數不是猶太人。我不是一個背棄信仰的猶太人，因為從一開始我就不曾奉行過教規。我不「愛以色列」（不論是現代意義下的愛以色列這個國家，或者是原本一般意義下的愛以色列民族），而且我不在乎這種心態會不會得到相應的對待。但是每次不管誰問我是不是猶太人，我總是毫不猶豫地說是，而且如果不這麼說會讓我覺得羞恥。

自從我到了紐約以後，對於由這種處境造成的表面矛盾，就看得越來越清楚：在這裡，猶太身分的稀奇古怪之處比在歐洲還要突出。我認識的大多數美國猶太人對猶太文化或歷史的知識都不是特別豐富；他們不懂意第緒語或希伯來文（而且不覺得有什麼問題），也很少參加宗教典禮。當他們參加的時候，行為方式讓我覺得十分奇怪。

在我到紐約之後不久，我受邀參加一個受誡禮[2]。在去猶太會堂的路上，我發現把小帽忘在家裡了，便回家去拿——結果一到會堂，卻發現幾乎沒有其他人在儀式過程中遮頭[3]，而且儀式本身是如此縮短與簡化，簡直不成模樣。誠然，這是一個「改革派」的猶太會堂，而且我本來應該知道，改革派猶太人（在英國被稱為「自由派」猶太人）在會堂裡不強制遮頭已經有半個多世紀。儘管如此，執行儀式時那種造做的熱忱，以及對既有傳統的選擇性違背，兩者之間的反差，在當時讓我非常訝異；今天看起來，我覺得是一條線索，幫助我理解美國猶太人身分認同的補償特質。

❖ ❖ ❖

1 猶太教經典米拿書（Mishnah）中紀錄的口傳教義規定，只有由一位猶太女性所生，或者皈依猶太教者，才是猶太人。

2 猶太教為十三歲男孩舉行的成年儀式。

3 猶太教規定猶太人須遮頭，所戴的小帽叫作基帕（Kippah），意在表示對耶和華的敬畏，即不可以用沒有遮蓋的頭頂對天。

24 東妮 Toni

幾年以前，我在曼哈頓參加一個為藝文界與新聞界傑出人士舉辦的晚宴慶典。典禮進行到一半，我對面一位中年男士從桌子上探過頭來，瞪著我說：「你是東尼・賈德嗎？你真該停止寫那些談以色列的可怕文章！」我對這類質疑已經很有經驗，於是就問他，我寫的那些東西是哪裡可怕。「我不知道，你也許是對的，我反正沒有去過以色列。但是我們猶太人應該要團結起來：我們有一天可能會需要以色列。」他認為，主張消滅猶太人的反猶主義遲早會重新出現：紐約有一天可能會無法再待下去。

我覺得（也直接對他說），美國猶太人得在中東買一塊領土當作保險，以預防一九四二年在波蘭的災難再度降臨，是一種奇怪的想法。更奇怪的是我們交換這些意見的背景：在那天晚上的獲獎人裡，猶太人佔壓倒性的多數。猶太人在美國，比起在任何其他地方，或者在猶太歷史上的任何時候，都更成功、更融入社會、受到更多尊敬、也更具影響力。那為什麼今天美國猶太人的身分認同，要如此偏執地追憶（以及預期）自身被消滅的歷史呢？

如果希特勒從未出現，猶太教事實上可能早已崩解消失了。在十九世紀下半葉，以猶太人在歐洲大部分地區的分散之廣，猶太教無論是宗教思想、集體主義還是儀式都在崩壞當中：好幾個世紀以來與其他民族的不相聞問與強迫隔離，終於宣告結束。相反地，同化——不管是透過移民、婚姻以及文化上的稀釋——正順利進行中。

事後回顧，過程中發生的事情實在令猶太人感到困惑。在德國，許多猶太人自認是德國人——也正因如此而受到憎恨。在中歐，特別是在布拉格—布達佩斯—維也納都市三角形裡，一個世俗的猶太知識階層在自由業佔據了舉足輕重的地位，為後集體主義的猶太生活建立了一個獨特的基礎。然而卡夫卡、克勞斯、茨威格所生存的這個世界是非常脆弱的：由於仰賴一個獨一無二的背景條件，即仰賴一個解體中但是自由開明的帝國而存在，這個猶太知識階層在面臨以種族為基礎的民族主義風暴時，是完全無助的。對於那些要尋找文化根源的人來說，除了遺憾與鄉愁之外，找不到太多東西。同化，才是猶太人在那些年代裡主要的發展軌跡。

我在自己的家族身上就能看到這些東西。我的祖父母離開了東歐的猶太小鎮，來到陌生且不甚友善的環境——這個經驗在一段時間裡強化了猶太人防衛性的自我意識。但是對他們的小孩來說，同樣的環境代表的卻是正常生活。我父母這一代的歐洲猶太人疏忽了他們的意第緒語，違背了他們移民家族的期望，摒棄了集體主義的儀式與約束。到了一九三〇年代，已經可以合理假設，他們的小孩——也就是我這一代——對於「故國」只剩下很少的記憶：就像義大利裔美國人或愛爾蘭裔美國人對義大利麵與聖派屈克節[4]的懷舊一樣膚淺。

但是後來發生了重大的轉折。一整個世代已解放的年輕猶太人——其中許多人天真地想像自己已經完全融入了後集體主義的世界——被強制拉回猶太教，並貼上猶太的公民身分——這一次他們再也沒有拒絕的自由[5]。宗教一度是猶太人存在的根本定義，現在這個元素卻越來越被排擠到邊緣上。在希特勒崛起之後，錫安主義運動（即猶太復國運動，一直以來只受到少數教派的支持）成為一個現實可行的選項。「猶太」遂變成一種世俗的、由外在附加的屬性。

從那時起，美國猶太人的身分認同取得一種彷彿惡靈附身的特質：也就是憑藉一種雙重的、瀕死的經驗而繼續活下去。其結果是：對過去的苦難極度敏感，到了連猶太人自己都覺得不成比例的地步。在發表談以色列未來的那篇文章[6]之後不久，我受邀到倫敦接受《猶太紀年報》——當地一家權威的猶太報紙——的訪談。我去的時候心裡忐忑不安，料想會因為我不夠認同耶和華的選民而遇到更多偏激的批評。結果大出我的意料之外：那位編輯先把麥克風關上；「在我們開始之前，」她說，「我想問你一個問題。你怎麼有辦法跟那些可怕的美國猶太人混在一起？」

然而，也許那些「可怕的美國猶太人」確實碰到某種重要的東西，儘管不是出於本意。因為，在信仰沒落了、迫害減少了、社群分散了之後，繼續堅持自己的猶太身分還能有什麼意義呢？是為了一個「猶太的」國家嗎？可是一來他們並不想去住，二來那裡心胸狹隘的知識階層把越來越多猶太人排除在官方承認之外。為了維護一個「種族」資格的標準嗎？可是當為了別的目的而援引種族資格時難道不會感到難堪嗎？

曾經有個時代，身為猶太人是一種在生活中實踐的狀態。然而在今天的美國，

4 每年三月十七日慶祝愛爾蘭守護聖人聖派屈克的基督教節日，代表色為酢漿草綠，比如芝加哥在這一天就會把芝加哥河染成綠色。

5 指納粹德國政府透過法律，以血緣來定義猶太身分並加以迫害。如一九三三年的公務人員重建法（規定非亞利安血統不得擔任公務員、大學教授、醫生、律師等），以及一九三五年的紐倫堡法案（對猶太人依據血統提出嚴格的定義與分類，剝奪猶太人的國民身分）。

6 Tony Judt, Israel: The Alternative. *New York Book Reviews*, Oct. 23, 2003. 主張「猶太人國家」是個問題重重的體制，認為以色列應該改為雙民族國家，包括猶太人與阿拉伯人。

我們已經不再由宗教定義：隸屬於猶太會堂的猶太人只佔總數的百分之四十六；一個月至少上會堂一次的只佔百分之二十七；而會堂成員中信奉正統派猶太教的不超過百分二十一（也就是不超過總數的百分之十）。簡言之，「老派信徒」只是猶太人當中的少數[7]。今天的猶太人是靠保存記憶而存在的。當一個猶太人，很大程度是靠他還記得以前當一個猶太人是怎麼回事。事實上，在所有拉比的訓諭裡，維持最久也最獨特的一條是「Zakhor！」——要記住！但是大多數猶太人只是把這條訓諭放在心裡，卻不十分理解它的要求是什麼。我們成了以記住著稱的民族，但是要記住什麼？不太清楚。

那麼我們應該記住什麼呢？從前曾祖母在皮爾維斯托克做的薄煎餅？我十分懷疑。在剝除了情境與象徵意義之後，這些薄煎餅跟蘋果蛋糕沒有兩樣。孩提時聽過的哥薩克騎兵恐怖故事（我記得非常清楚）？對一個從來沒有親眼看過哥薩克騎兵的世代來說，這樣的故事能傳達怎樣的特殊意義？記憶，對任何集體事業來說，都不是一個牢靠的基礎。歷史的訓示如果不能在當代重現，其權威就會越來越晦澀難懂。

在這個意義下，美國猶太人沉湎於對大屠殺無止無盡的紀念，在直覺上並沒有錯：這樣的活動可以提供參考點、儀式、典範、以及道德指導——還有歷史的臨場感。可是他們犯了一個可怕的錯誤：他們錯把記憶的方式當成記憶的理由。我們之所以是猶太人，難道沒有比「因為希特勒想要消滅我們的祖父母」更好的理由嗎？如果我們無法超越這一層思考，我們的子孫將沒有多少理由認同我們。

在今天的以色列，官方會援引大屠殺來提醒民眾，非猶太人可以多麼充滿仇恨。在離散地裡，大屠殺的紀念活動有兩層用意：告訴你毫不妥協的「愛以色列」是正當的，以及，滿足自顧自憐的情感。我覺得這是對記憶的惡意濫用。但是，如果我們不這麼做，而是把大屠殺紀念用在讓我們盡可能更接近、更真切地理解我們所代表的那個傳統，會不會更好？

在美國，記憶成了更廣泛的社會義務的一部分，絕對不是只有猶太人這麼做。我們很樂意承認對當前的人負有義務；但是對那些先於我們的人的義務該怎麼辦呢？我們能隨口說出我們欠孩子們一個未來，但是我們對前人沒有虧欠嗎？除了用

7 作者註：見全國猶太人口調查，二〇〇〇至〇一年，頁七。
http://www.jewishfederations.org/local_includes/downloads/3905.pdf

方便到接近愚蠢的方式以外（比如保存各式紀念機構與建物），我們要完整地償還那份虧欠，唯有透過記憶，而且還要把記憶的義務傳遞下去。

跟坐我對面的那位先生不同，我不預期希特勒會回來。我也拒絕把對他罪行的記憶，當作封堵對話的手段：重新打造猶太人的身分，以便對質疑與自我批判採取防衛性的冷漠態度，並逃避到自我憐憫的境地裡。我更願意召喚昔日那種不受正統意見影響的猶太傳統：一個懂得開啟對話而不是封死對話的傳統。猶太教對我來說，是深諳集體性的自我質疑，以及坦率說出令人難受事實的文化，即那種不隨波逐流、善於提出異議的「dafka」[8]氣質；我們曾一度以此聞名。而且背離其他人的慣例還不夠；我們應該還要成為對自己的慣例最不留情的批評者。我覺得自己對這一脈傳統有所虧欠，還沒負起足夠責任。這是為什麼我說自己是猶太人的原因。

東妮．亞未該於一九四二年被送進奧許維茲集中營，在那裡以猶太人的身分死於毒氣室。我的名字就是從她而來。

8 作者註：希伯來文，「方向相反、叛逆」之意。

跋
Envoi

25

魔　山

Magic Mountains

你不可以喜歡瑞士。表達你喜愛瑞士人或他們的國家，就跟承認對吸煙或看《脫線家族》[1]念念不忘差不多。這麼做立刻暴露你不但對過去三十年的發展不可原諒的無知，還是一個以最糟糕的方式無可救藥的老古板。每次我不小心洩漏我對那塊地方的迷戀，年輕人會禮貌地打哈欠，自由派的同事會一臉狐疑地看著我（「你不知道二戰發生了什麼事嗎？」），我的家人會露出縱容我的微笑：啊，又開始了。

我不管。我就是喜歡瑞士。

1　美國一九六九至七四年間流行的電視喜劇。

他們在反對什麼呢？嗯，瑞士有很多山。但如果你想去阿爾卑斯山，那去法國山更高，去義大利東西更好吃，去奧地利玩雪更便宜。最要命的是，去德國的阿爾卑斯山人們更友善。至於瑞士人自己，「手足之愛、五百年的民主與和平，結果他們做出什麼來呢？只有咕咕鐘而已。」

還有更糟的。瑞士在第二次世界大戰中大撈特撈了一筆——跟柏林利益交換，將他們掠奪而來的資產洗白。是瑞士強力要求希特勒在猶太人的護照上標記字母J，而且最近——作為文化沙文主義的累犯又一次令人難堪的演出——才公投禁止了伊斯蘭宣禮塔的興建（可是全國一共才四個這種塔，而且幾乎所有穆斯林居民都是支持政教分離的波士尼亞難民）[2]。然後還有逃稅者的問題——雖然我一直不很明白，為什麼瑞士銀行為少數有錢的外國罪犯提供服務，會比高盛公司收下美國誠實納稅人天文數字的紓困金後所做的事情[3]，還更壞上許多。

那麼，為什麼我喜歡瑞士？首先，這個國家有一些滿不錯的缺點。是無聊嗎？當然。但是無聊也可以翻成安全、整齊與清潔。幾年以前我帶著小兒子，當時九歲大，飛到日內瓦。抵達之後，我們往下走到火車站（瑞士非常無趣地把一些火車站直接蓋在他們的飛機場地底下），然後在一間咖啡店等候我們的火車。「好乾淨啊！」小男孩注意到。確實也是：一塵不染，簡直刺眼。當然，如果你從新加坡或列支敦士登飛過來，或許不會覺得有什麼特別。但是對一個從小習慣出入紐約甘迺迪機場（而且在此之前唯一體驗過的歐洲機場僅限於倫敦希斯羅機場老舊的購物中心）的小男孩來說，這差別實在太大了。

瑞士人像著魔一樣愛乾淨。有一次在一列從因特拉肯開出的火車上，我被一位年長的女士責備，因為我把左腳的前端放在對面座椅的一個角上。如果是在英國，不但不會有人注意到或在乎，而且我很可能會為這樣直言不諱的干涉感到大吃一驚。但是在瑞士，我只是覺得很難為情，怎麼會違犯這樣一明二白的市民守則——因為我對公共福祉也負有一份共同的責任。被一位市民同胞糾正行為雖然讓人不

2 二〇〇九年十一月瑞士公投通過憲法修正案，禁止建造新的宣禮塔，既有的四個則不受影響。宣禮塔是清真寺的附屬建築，用以召喚信眾禮拜，又稱叫拜樓。

3 高盛公司於二〇〇八年金融危機時收到美國財政部（透過美國國際集團，AIG）一百二十八億美元的紓困金。該公司同年對九十四名新合夥人發出十五億美元的紅利。

快，但是長期無視規矩將會造成更大的傷害。

❖ ❖ ❖

如果要看各種民族特性有哪些組合的可能性（以及各有什麼好處），瑞士是個很棒的地方。我指的不是語言的混雜（德語、法語、義大利語與羅曼什語），也不是地形地貌驚人（但也常常被忽略）的多樣性。我的意思是各種對比。德國的一切都是有效率的，所以那裡沒有多樣性可以滋養你的靈魂。義大利的有趣是無止無盡的，以致找不到喘息的地方。瑞士則呈現了豐富的對比：有效率，但是守舊；美麗，但是平淡乏味；好客，但是欠缺魅力——至少對於（讓瑞士可以過得這麼好的）外國遊客來說是如此。

最重要的一組對比，是表面上色彩的變化多端，對比於表面下根底的穩定深厚。幾年前的一個夏天，我前往小馬特洪峰山頂旅遊，一個熱門的冰河滑雪度假勝地，俯瞰策馬特。斑駁的陽光灑落的斜坡上，擺放了一家貴得離譜的餐廳所裝設的長椅，各色穿著迷你比基尼與皮靴的義大利豪放女，就倚躺在表情冷酷的俄國人身上。這些人搭著直昇機飛上來玩他們最先進的滑雪裝備。《戴比遊達佛斯》[4]：這是最糟糕的瑞士。

然後，不知道從哪裡突然冒出三位矮小的老先生：身穿羊毛衣與皮衣，臉頰紅潤，有著樸實明智的神情，頭上戴著樸素實用的帽子。他們牢牢地握著厚實的登山手杖，胖碩的臀部重重地在長椅上坐下來，動手解開他們飽經風霜的登山靴。這三位滿臉皺紋的登山者，對眼前上演的縱慾與奢侈景象絲毫不感興趣，開始用難以理解的瑞士德文互相慶賀剛才完成了顯然十分耗竭體力的攀爬路段，而且，由於流了大量汗水，他們向穿著白色連衣裙的開朗女侍叫了三杯啤酒：這是美好的瑞士。

在一九五〇年代，我父母帶我到瑞士旅行了許多次。那是他們曾短暫有過的一段經濟寬裕的美好時光；而且瑞士在那時候也不是如此昂貴。我想，當時最讓還小的我著迷的是：一切都透露出簡潔俐落的**規律感**。我們去瑞士通常借道法國；在那

4《戴比遊達拉斯》（*Debbie Does Dallas*）是七〇年代知名的色情片。這裡賈德將地名戲改為達佛斯，瑞士最有金權色彩的城市。

些日子裡，法國是個貧窮與破敗的國家。法國鄉間的房屋仍看得到砲擊的損害；牆上的杜博尼酒[5]海報不是被撕掉就是破成碎片。東西非常好吃（即使一名倫敦的小學生也能判斷），但是餐廳與旅館都帶著潮溼、落寞的氣息：既廉價又死氣沉沉。

然後，你總是在某個強風吹拂、深雪覆蓋的隘口或山頂跨過國境……進入一個充滿整潔與覆滿鮮花的山屋、悉心美化的街道、一派繁榮的商店、以及聰明與滿足的居民，這樣的國家。瑞士看起來一點也沒有被剛結束的戰爭所影響。我的童年本來是一部黑白片，但是瑞士披著一身色彩翩翩來到：紅色與白色，棕色與綠色，黃色與金色。還有那些旅館！我童年裡的瑞士旅館總是帶著新鮮松木的味道，彷彿都是自然地從周圍的森林裡冒出來的一樣。到處都有溫暖、堅實的木頭：厚重的木門、有軟墊的木頭階梯、堅固的木床，還有唧唧叫的木製時鐘。

用餐室有很大的觀景窗；室內有鮮花，嶄新全白的亞麻餐巾布也充分供應——雖然這不可能是真的，但是當我回想的時候，感覺上那裡除我之外再沒有別人。當然，那時的我從未聽過克拉芙迪亞·肖夏；但是後來的年月裡，我會想像她安靜地步履輕盈地走進一間這樣的房間，用她烏黑的眼睛掃視一張張的餐桌，而我就像卡斯托普一樣，安靜地懇求她坐到我的桌子來[6]。不過實際上，在那些用餐室裡坐的都是一定年紀以上、看起來很無趣的夫婦：瑞士讓你作夢，但是不能飛太遠。

記憶會耍詭計。我清楚地知道，我們幾乎總是在伯恩高地，也就是瑞士的德語區渡假。然而我也總是把這個國家跟我第一次結結巴巴地嘗試說法語的愉快回憶連結在一起：挑選巧克力、問路、學習滑雪等。還有買車票。瑞士對我來說總是跟火車密不可分：它們各種獨特的優點，在琉森城外不遠的小小運輸博物館有迷人且完整的介紹。瑞士有世界第一列電氣火車；第一個同時也是技術最完備的鐵軌隧道；有歐洲最高的鐵路網——其極致是少女峰鐵路：這條路線穿過艾格峰的心臟，最後爬升到位於海拔一萬一千二百二十五呎高的常設終點站[7]。

5　一種法國甜紅葡萄酒，常做開胃酒。

6　漢斯．卡斯托普是湯瑪斯．曼《魔山》（*Zauberberg*）書中的男主角，他深受克拉芙迪亞．肖夏女士的吸引，因此長期留在達佛斯的療養院。

7　約當三四二一公尺。艾格峰是伯恩段阿爾卑斯山的一座山峰，高三九七〇公尺。

有趣的是，英國鐵路常說的「不尋常的落葉」[8]（或者，說真的，不尋常的降雪），從來都沒有困擾過瑞士人。就像那些身形矮小的登山老人爬上令人畏懼的小馬特洪峰而面不改色，同樣地，他們的祖父與曾祖父建造的火車數十年來也這樣在布利格與策馬特，在楚爾與聖摩利茲，在貝克斯與維拉爾之間毫不費力地緩緩行進。

在這個國家的中心點安德馬特，萊茵河與隆河的源頭從冰封的山間湍流而下的地方，連接米蘭與蘇黎世的跨阿爾卑斯山快車穿入哥達山脈的深處；同時在往上數百呎的高處，冰河特快車一路險峻攀爬，並在完成一連串令人心驚目眩的之字型齒輪軌道折返行駛後，順利跨過歐洲的屋頂。在這些路線上開車已經十分困難，更不用說騎腳踏車或步行。那麼這些鐵路究竟是怎麼建造的？這些人又是何方神聖？

我最快樂的回憶是在慕仁。我們第一次去是在我八歲的時候：一個未經開發的小村子，位於通往雪朗峰山系的半山腰上，只能搭乘齒輪火車或纜車抵達。要到達那個地方需要很長的交通時間：至少要換四班火車，而且一旦到了那裡，你幾乎沒什麼事可以做。那裡的食物不特別好吃，商店也單調乏味，如果說得客氣一點的話。

有人告訴我，那裡滑雪很不錯；散步絕對是很棒的。越過深邃的山谷眺望對面的少女峰山系，景觀極其壯麗。最接近娛樂設施的，是像發條玩具一樣的單車廂小火車的抵達與出發：火車會沿著山邊緩慢地行走，通往纜索鐵路的頂端車站。當火車離開迷你車站時「嗖」的電動聲音，以及走在鐵軌上令人安心的哐啷聲響，是村子裡最接近噪音污染的東西。當最後一班車安全地進入機棚，整片高地就進入靜寂。

❖ ❖ ❖

二〇〇二年，在接受癌症手術以及一個月密集的放射線治療之後，我帶著家人回到慕仁。我的兒子們（分別是八歲與六歲）見到的這個地方，在我感覺中，就跟我從前來的時候一模一樣，儘管我們住的旅館比以前顯然好得多。他們喝熱巧克力，在長滿高山花朵、不時有小瀑布的開闊山地上手腳並用地攀爬，痴迷一般地望

8 英國鐵路在秋天誤點時常常以「鐵軌上有落葉」（Leaves on the line）為理由。經乘客反映落葉為何不能清除，鐵路公司進行了昂貴的裝備升級以改善問題。然而問題繼續發生，官方就把理由改成鐵軌上有「不尋常的落葉」（wrong kind of leaves）。許多英國人於是只要遇到誤點，就開玩笑說火車遇到「不尋常的落葉」。「不尋常的降雪」也是類似的情況，雖然真正的大雪確實能讓火車停擺。

著壯闊的艾格峰——而且在小火車裡嬉鬧玩耍。除非我錯得離譜，否則慕仁本身一點都沒有改變，這裡還是什麼事都不能做。這裡是天堂。

我從不覺得自己是一個落地生根的人。我們偶然出生在一個城市而不是在其他地方，並且在我們漂泊的人生中經歷過許多不同的暫時住處——至少我的情形就是這樣。對大多數地方我都有交錯複雜的回憶：我在回憶劍橋、巴黎、牛津或紐約的時候，都會同時想起像萬花筒一樣的各種相遇與經歷。對這些地方的回憶，會隨著我的情緒而改變。但是慕仁從不改變。這裡從來沒有任何差錯。

沿著慕仁的袖珍鐵路有一條勉強稱得上小徑的路。沿路走到一半，有一間小咖啡店——也是鐵路上唯一的車站——提供瑞士一般的路邊飲食服務。再往前，山勢急墜，通往在下方的地塹。往後看，你可以向上攀爬到有牛羊與牧羊人的夏季農屋那裡。或者你也可以只是等候下一班火車：永遠準時，可預測，而且精確到秒。什麼意外都沒有：這裡是世界上最快樂的地方。我們不能選擇從哪裡開始我們的人生，但是我們可以在希望的地方結束。我知道我將會在什麼地方：就在那班小小的火車上，不特別要去哪裡，永遠，永遠。

中外名詞對照

序

提摩西・艾許 Timothy Garton Ash
威利版權代理公司 the Wylie Agency
羅伯特・希爾維斯 Robert Silvers
尤金・盧辛 Eugene Rusyn

1

謝希耶荷 Chesières
維拉爾村 Villars
艾蘭・巴德爾 Alan Badel
《豺狼之日》The Day of The Jackal, 1973
瑞雪兒・羅伯茲 Rachel Roberts
《年少莫輕狂》*Saturday Night and Sunday Morning*, 1960
《如此運動生涯》*This Sporting Life*, 1963
《幸運的人》*O Lucky Man!* 1973
漸凍人症、肌萎縮性脊髓側索硬化症 amyotrophic lateral sclerosis, ALS
法蘭西絲・葉慈 Frances Yates
史景遷 Jonathan Spence
《利瑪竇的記憶宮殿》*The Memory Palace of Matteo Ricci*, 1984
沃爾西 Wolsey
漢普頓宮 Hampton Court
瓦萊州 Valais
伯恩高地 Bernese Oberland
吉堂牌 Gitanes
吉普托 Gepetto
卡爾・克勞斯 Karl Kraus
普特尼 Putney

2

盧・賈里格症 Lou Gehrig's disease
上位運動神經元 upper motor neurons
下位運動神經元 lower motor neurons
雙正壓呼吸器 Bilevel positive airway pressure, BiPAP
卡夫卡 Franz Kafka
《變形記》*Metamorphosis*, 1915

3

敦克爾克（大撤退）Dunkirk (evacuation)
（倫敦）大轟炸 the Blitz
蒙哥馬利 Bernard Montgomery
歌舞雜耍劇 music hall
薇拉・琳恩 Vera Lynn
喬治・歐威爾 George Orwell
《通往威根碼頭之路》*Road to Wigan Pier*, 1937
普里斯特利 J.B. Priestley
《天使街》*Angel Pavement*, 1930
阿諾德・班涅特 Arnold Bennett
《五城的冷笑》*The Grim Smile of Five Towns*, 1907

漢弗萊・詹寧斯 Humphrey Jennings
英國節 Festival of Britain
《家庭畫像》*Family Portrait*, 1950
西里爾・康諾利 Cyril Connolly
邁克・懷爾登 Michael Wilding
安娜・尼格爾 Anna Neagle
《枯木逢春》*Spring in Park Lane*, 1948
《梅費爾區的五月時光》*Maytime in Mayfair*, 1949
洗碗槽寫實主義 kitchen sink realism
亞伯・芬尼 Albert Finney
亞蘭・貝茨 Alan Bates
《浪子春潮》*Saturday Night and Sunday Morning*, 1960
《一夕風流恨事多》*A Kind of Loving*, 1962
哈洛德・麥克米蘭 Harold Macmillan
克萊門特・艾德禮 Clement Attlee
哈利・杜魯門 Harry Truman
林頓・詹森 Lyndon Johnson
羅斯福 Franklin Roosevelt
提香 Titian
邱吉爾 Winston Churchill
魯本斯 Peter Paul Rubens
維梅爾 Johannes Vermeer
比爾・柯林頓 Bill Clinton
薩爾瓦多・達利 Salvador Dali
東尼・布萊爾 Tony Blair
達米恩・赫斯特 Damien Hirst
《單車失竊記》*The Bicycle Thief*, 1948
弗蘭索瓦・楚浮 François Truffaut
《明天過後》*The Day After Tomorrow*, 2004
《阿凡達》*Avatar*, 2009
《四百擊》*Les Quatre Cents Coups*, 1959

4

倫敦東區 London East End
柏戴特路 Burdett Road
商業路 Commercial Road
士得利園地鐵站 Stepney Green
考克尼 Cockney
炸魚薯條 fish and chips
葡萄乾布丁 spotted dick
烤香腸布丁 toad in the hole
約克夏布丁 Yorkshire pud
中式炒雜碎 chop suey
霍維斯牌黑麵包 Hovis brown bread
西班牙系猶太人 Sephardic Jews
皮爾維斯托克 Pilvistok
安特衛普 Antwerp
普林節 Purim
三角形水果餡餅 Hamantaschen
雞蛋白麵包 challah
未發酵麵包丸子湯 matzoh balls
蘇活區 Soho
印度咖哩雞 chicken tikka masala
翠鳥啤酒 Kingfisher beer
瑪德蓮小蛋糕 madeleine
馬德拉斯 Madras

5

雪鐵龍 Citroën
奧斯丁 Austin
DB 潘哈德 DB Panhard
喬・賈德 Joe Judt
前驅者 Traction Avant
摩里斯 Morris

標準前鋒 Standard Vanguard
福斯 Volkswagen
標緻 Peugeot
雷諾 Renault
飛雅特 Fiat
安德烈・雪鐵龍 André Citroën
倫敦寶區 Bow
福特大眾 Popular
摩里斯小車 Minor
諾福克郡 Norfolk
東密德蘭 East Midlands
凱旋噴火 Triumph Spitfire
秘密軍 Organisation de l'armée secrète, OAS
比亞里茨 Biarritz
布萊頓 Brighton
本田 Honda
紳寶 Saab
福特野馬 Mustang
奧茲曼迪亞斯 Ozymandias

6

聖瑪莉教堂 St Mary's Church
湯馬斯・蘭斯伯勒上校 Thomas Rainsborough
普特尼大辯論 Putney Debates
最終稅冊 Domesday Book
樸次茅斯 Portsmouth
普特尼大街 High Street
侯爵府 Earl's Court
溫布頓 Wimbledon
南方鐵路 Southern Railway
溫莎鎮 Windsor
滑鐵盧車站 Waterloo
普特尼公園 Putney Common
倫敦市中心 the City
赫莫頓 Homerton
艾塞克斯郡 Essex
紅橋 Redbridge
金斯頓 Kingston
默爾頓 Morden
哈洛 Harlow
金斯頓山丘 Kingston Hill
普特尼草坪 Putney's heath
下里奇蒙路 Lower Richmond Road
勞瑞・李 Laurie Lee
格洛斯特郡 Gloucestershire
瓊斯馬廄屋 Jones Mews
伍爾沃斯 Woolworth
馬莎百貨 Marks & Spencer
英國家庭商店 British Home Stores
賽恩斯伯里 Sainsbury
國內與殖民地零售店 Home & Colonial
萊希路 Lacy Road
箭牌口香糖 Wrigley's chewing gum
多佛屋路 Dover House Road
泰汀頓 Teddington
克拉文農場足球場 Craven Cottage
富勒姆 Fulham
薩里郡 Surrey

7

倫敦運輸公司 London Transport
大倫敦地區 the Great Wen
帶狀發展 ribbon development
斯蒂文尼奇 Stevenage
格雷夫森德 Gravesend
東格林斯提德 East Grinstead

維多利亞車站 Victoria Station
大理石拱門 Marble Arch
吉爾福德 Guildford
沃特福德 Watford
紅色雙層巴士 Routmaster
倫敦乘客運輸委員會 London Passenger Transport Board
錫安主義（猶太復國主義）Zionism
愛瑞發交通公司 Arriva
希斯羅機場 Heathrow Airport
樂高樂園 Legoland

8

何內．吉哈爾 René Girard
里爾克 Rainer Maria Rilke
艾哲維爾 Edgware
恩加爾 Ongar
泰澤汽水 Tizer
諾比頓 Norbiton
罕普夏 Hampshire
克拉博姆交匯站 Clapham Junction
多佛 Dover
福克斯通 Folkestone
影音新聞劇場 Movietone News Theater
巴黎東站 Gare de l'Est
米蘭中央車站 Milano Centrale
蘇黎世車站 Zürich's Hauptbahnhof
布達佩斯東站 Keleti Pályaudvar
賓州車站 Pennsylvania Station
聖潘克拉斯車站 St Pancras
維也納西站 Westbahnhof
布魯塞爾南站 Gare de Bruxelles-Midi

9

南安普敦 Southampton
樸次茅斯 Portsmouth
紐黑文 Newhaven
哈里奇 Harwich
加來 Calais
布洛涅 Boulogne
法國國鐵 SNCF
迪那爾號 SS Dinard
華爾頓勛爵號 Lord Warden
五港同盟 Cinque Ports
灰鼻角 Cap Gris Nez
皮卡地 Picardy
查令十字車站 Charing Cross Station
金箭列車 Golden Arrow
巴黎北站 Gare du Nord
瑞典酒類公賣店 Systembolaget
賽福威超市 Safeway
布列塔尼渡輪 Brittany Ferries
迪耶普 Dieppe
瑞安航空 Ryanair
特易購 Tesco

10

巴特錫 Battersea
伊曼努爾中學 Emanuel School
強身基督教 Muscular Christianity
直接補助學校 direct grant
公學 public school
文法中學 grammar school
溫徹斯特 Winchester
西敏寺 Westminster
伊頓 Eton

第六學級級長 sixth-form prefects
聯合學員軍 Combined Cadet Force, CCF
李—埃菲爾德式步槍 Lee Enfield rifle
哈謝克 Dominik Hašek
《好兵帥克》*Good Soldier Švejk*, 1930
聖保羅中學 St. Paul's School
（劍橋）國王學院 King's College
高級程度考試 A Levels
保羅・克拉多克 Paul Craddock
《高盧戰記》*The Gallic Wars*
一般水平國家考試 Ordinary Level, O-Level
聖・艾修伯里 Antoine de Saint-Exupéry
綜合高中 comprehensive school

11

披頭四 the Beatles
奇布茲 Kibbutz
勞動錫安主義 Labour Zionism
上加利利 Upper Galilee
馬哈納伊 Machanayim
米蘭・昆德拉 Milan Kundera
《笑忘書》*Book of Laughter and Forgetting*, 1979
離散 diaspora
強身猶太教 Muscular Judaism
自由的愛 free love
海法 Haifa
法馬古斯塔 Famagusta
伊茲密爾 Izmir
布林迪西 Brindisi
阿利亞 Aliya
移民以色列 going up (to Israel)
戈蘭高地 Golan Heights
哈庫克 Hakuk
新左派 New Left
極左派 gauchisme
第三世界主義 tiers-mondisme
女性的馬克思主義 femino-Marxism

12

換工姑娘 au pair girl
院僕 scout
鋪床人 bedder
牛劍 Oxbridge
東安格利亞 East Anglia
莫普太太 Mrs. Mopp
保羅・麥卡尼 Paul McCartney
亞當・斯密 Adam Smith
《道德情感理論》*A Theory of Moral Sentiments*, 1759

13

卡繆 Albert Camus
沙特 Jean-Paul Satre
弗蘭索瓦・莫里亞克 François Mauriac
雷蒙・阿宏 Raymond Aron
摩利斯・梅露龐蒂 Maurice Merleau-Ponty
西蒙・波娃 Simone de Beauvoir
羅蘭・巴特 Roland Barthes
米歇・傅柯 Michael Foucault
皮耶・布赫迪厄 Pierre Bourdieu
約根・哈伯馬斯 Jürgen Habermas
阿馬蒂亞・沈恩 Amartya Sen
紀傑克 Slavoj Žižek
安東尼奧・尼格里 Antonio Negri
派莉絲・希爾頓 Paris Hilton

阿蘭・芬克爾克霍特 Alain Finkielkraut
茱莉亞・克里斯多娃 Julia Kristeva
巴斯卡・布魯克納 Pascal Bruckner
安德烈・格魯克斯曼 André Glucksmann
何吉斯・德伯雷 Régis Debray
貝爾納—亨利・萊維 Bernard-Henri Lévy
侯麥 Éric Rohmer
《慕德之夜》*Ma nuit chez Maud*, 1969
尚—路易・坦帝尼昂 Jean-Louis Trintignant
弗蘭西絲・法比安 Françoise Fabian
莫里斯・巴雷斯 Maurice Barrès
愛彌爾・左拉 Émile Zola
萊昂・柏魯姆 Léon Blum
德雷福斯 Alfred Dreyfus
法國高等師範學校 École normale supérieure
巴斯德 Louis Pasteur
愛彌爾・涂爾幹 Émile Durkheim
喬治・龐畢度 Georges Pompidou
夏爾・佩吉 Charles Péguy
賈克・德希達 Jaqcues Derrida
亨利・伯格森 Henri Bergson
羅曼・羅蘭 Romain Rolland
馬克・布洛赫 Marc Bloch
路易・阿杜塞 Louis Althusser
菲爾茲獎 Fields Medal
外國寄宿生 pensionnaire étranger
文學圖書館 Bibliothèque des Lettres
贈地大學 land grant university
預備班 khâgne
巴黎大學 Sorbonne (University of Paris)
（阿宏）《回憶錄》*Mémoires*, 1983
國家行政學校 École Nationale d'Administration
巴黎綜合理工學院 École Polytechnique
喬治・史帝文生 George Stephenson
火箭號 Rocket

14

丹尼斯・希萊 Denis Healey
格羅夫納廣場 Grosvenor Square
心理治療劇 psychodrama
戴高樂 Charles de Gaulle
哥廷根 Göttingen
布拉格之春 Prague Spring
杜布切克 Alexander Dubček
萊謝克・科拉科夫斯基 Leszek Kołakowski

15

泰勒 A. J. P. Taylor
史密斯書店 W. H. Smith Booksellers
賈妮斯 Janis Nicholls
前披頭四時代 Before Beatles Era, BBE
吉尼・文森 Gene Vincent
艾迪・柯克拉恩 Eddie Cochran
克里夫・李察 Cliff Richard
亞當・費斯 Adam Faith
基爾運河 Kiel Canal
拓荒者號 Hechalutz
格但斯克 Gdansk
馬賽爾・卡內 Marcel Carné
尚・嘉賓 Jean Gabin
《霧港碼頭》*Quai des brumes*, 1938
颮風 squall
琉森湖 Lake Lucerne

森林郡花園飯店 Waldstätterhof Seehotel
比洛克西 Biloxi
達豪紀念館 Dachau memorial
藍野豬 Blue Boar
正常化 normalization
《懶惰的權利》*The Right to Laziness*, 1883
保羅・拉法格 Paul Lafargue
福利女王 welfare queen

16

摩斯族 Mods
《比伯軍曹寂寞芳心俱樂部》*Sgt. Pepper's Lonely Hearts Club Band*, 1967
約翰・薛普爵士 Sir John Shepherd
法蘭克・阿德庫克爵士 Sir Frank Adcock
E. M. 福斯特 E. M. Foster
盧伯特・布魯克 Rupert Brooke
約翰・梅納德・凱因斯 John Maynard Keynes
（牛津）新學院 New College
蓋特威克機場 Gatwick Airport
萊斯特 Leicester
威勒半島 Wirral
約克夏 Yorkshire
泰恩工業區 Tyneside
凱爾特 Celtic fringe
巴特勒教育法案 Butler Education Act
約翰・班特利 John Bentley
綜合高中 comprehensive school
少年感化院 Borstal
馬丁・波里雅可夫 Martyn Poliakoff
大英帝國司令勳章 Commander of the Most Excellent Order of the British Empire, CBE
梅爾文・金恩 Mervyn King
約翰・撒特瑪敘 John Saltmarsh
克利斯多福・摩利斯 Christopher Morris
亞瑟・希伯特 Arthur Hibbert
學術研究評估 Research Assessment Exercise
諾埃・安南 Noel Annan
愛德蒙・李奇 Edmund Leach
柏納德・威廉斯 Bernard Williams
院士資格選舉團 College Fellowship Electors
約翰・杜恩 John Dunn
希德尼・布列納 Sydney Brenner
法蘭克・克默德爵士 Sir Frank Kermode
傑符瑞・洛伊德 Geoffrey Lloyd
馬丁・瑞斯爵士 Sir Martin Rees
約翰・洛克 John Locke
安東尼・格拉夫頓 Anthony Grafton
學園中學 academies
皇家芭蕾舞團 Royal Ballet
文藝協會 Arts Council

17

大不列顛社會黨 Socialist Party of Great Britain
李查・霍加特 Richard Hoggart
《讀寫能力的用處》*Uses of Literacy*, 1957
《幸運兒吉姆》*Lucky Jim*, 1954
《憤怒的回顧》*Look Back in Anger*, 1956
新蘇格拉底教學法 neo-Socratic style
以撒・多依徹 Isaac Deutscher
特理威廉講座 Trevelyan Lectures
《未竟的革命：俄羅斯一九一七至一九六七》*The Unfinished Revolution: Russia*

1917-1967, 1967
亞歷山大・波普 Alexander Pope
矮胖子 Humpty Dumpty
《政治與英語》*Politics and the English Language*, 1946
歐威爾 George Orwell

18

自治領 Dominions
平・克勞斯貝 Bing Crosby
卡西迪 Hopalong Cassidy
柯傑克 Kojak
摩城唱片 Motown Record
海灘男孩 Beach Boys
史坦貝克 John Steinbeck
費茲傑羅 Scott Fitzgerald
黑色電影 film noir
福斯金龜車 VW Bug
別克軍刀 Buick LeSabre
蘇福爾斯 Sioux Falls
拉皮德市 Rapid City
牧場戰爭 Range War
雷諾 Reno
阿馬里洛 Amarillo
夏安部落 Cheyenne
匹茲堡鋼鐵人隊 Pittsburgh Steelers
哈里斯堡 Harrisburg
北普拉特河 North Platte
迪凱特 Decatur
「六號」汽車旅館 Motel6
布盧明頓 Bloomington
香檳—厄巴納 Champaign-Urbana
伯靈頓 Burlington
拉勒米 Laramie
亞伯里斯特威斯 Aberystwyth
夏安州立大學 Cheyenne State U.
沙加緬度河 Sacramento
約翰・多恩 John Donne

19

文化轉向 cultural turn
《新政治家》*New Statesman*
瓦克拉夫・拉謝克 Václav Recek
E. P. 湯普森 E. P. Thompson
伊昂・卡凡 Jan Kavan
《自己學捷克文》*Teach Yourself Czech*
卡雷爾・恰彼克 Karel Capek
《托馬斯・馬薩里克訪談錄》*Hovorys T. G. Masaryk*
瓦茨拉夫・哈維爾 Václav Havel
羅傑・史克拉頓 Roger Scrutton
古斯塔夫・胡薩克 Gustáv Husák
亞當・米奇尼克 Adam Michnik
亞諾斯・奇斯 János Kis
蓋勒旅館 Gellért Hotel
外西凡尼亞 Transylvania
馬拉默爾 Maramureș

20

克拉斯諾格魯達 Krasnogruda
切斯瓦夫・米沃什 Czesław Miłosz
克日什托夫・奇熱夫斯基 Krzysztof Czyżewski
邊緣地帶基金會 Borderland Foundation
皮爾維斯奇 Pilviškiai
亞比該 Avigail
邁爾・倫敦 Meyer London
耶德瓦布內屠殺 Jedwabne

卡廷慘案 Katyn
娘子谷大屠殺 BabiYar
楊・格羅斯 Jan Gross
亞當・扎加耶夫斯基 Adam Zagajewski
耶日・基德羅茨 Jerzy Giedroyc
亞當・密茨凱維奇 Adam Mickiewicz
維爾紐斯 Vilna
以撒・柏林 Isaiah Berlin
朱蒂絲・施克萊 Judith Shklar
里加 Riga
《被禁錮的心靈》*The Captive Mind*, 1953
耶日・安德列耶夫斯基 Jerzy Andrzejewski
塔德烏斯・伯羅夫斯基 Tadeusz Borowski
《灰燼與鑽石》*Ashes and Diamonds*, 1948
安德烈・華伊達 Andrei Wajda
奧許維茲 Auschwitz
《各位女士先生，毒氣室這邊請》*This Way for the Gas, Ladies and Gentlemen*, 1959
斯坦尼斯瓦夫・維特凱維奇 Stanisław Ignacy Witkiewicz
《不滿足》*Insatiability*, 1930
凱特曼 Ketman
亞瑟・德・戈賓諾 Arthur de Gobineau
《中亞宗教與哲學》*Religions and Philosophies of Central Asia*, 1866
亞瑟・柯斯勒 Arthur Koestler
《正午的黑暗》*Darkness at Noon*, 1940
《知識分子的鴉片》*The Opium of the Intellectuals*, 1955
伊沃・安德里奇 Ivo Andrić
海達・柯瓦利 Heda Kovály
保羅・戈瑪 Paul Goma
葉夫珍妮亞・金斯伯格 Yevgenia Ginzburg
菲利浦・史諾登 Philip Snowden
華盛頓共識 Washington consensus

21

歐雷亞那 Oleanna
大衛・馬密 David Mamet
費爾斯通 Shulamith Firestone
米洛特 Kate Millett
布朗米勒 Susan Brownmiller
法魯迪 Susan Faludi
斯特里漢姆區 Streatham
洛加諾舞廳 Locarno Ballroom
戈多芬與拉提默中學 Godolphin & Latymer School
《卻西爾海灘》*Chesil Beach*
安托 Pierre Antoine Muraccioli
格特魯德・史坦因 Gertrude Stein

22

山上的城 city on a hill
搖擺倫敦 Swinging London
勝利大道 Calea Victoria
克列門特・格林伯格 Clement Greenberg
雷納德・伯恩斯坦 Leonard Bernstein
喬治・巴蘭欽 George Balanchine
《異議》*Dissent*
《評論》*Commentary*
伍迪・艾倫 Woody Allen
《安妮・霍爾》*Annie Hall*, 1979
《異評》*Dissentary*
畢提義大利小店 Bar Pitti

炸肉丸 falafel
奇哥・馬克斯 Chico Marx
東儀天主教 Uniate church
金絲雀碼頭區 Canary Wharf
霍克斯頓 Hoxton
《凡爾賽和約的經濟後果》*Economic Consequence of the Peace*, 1919
湯瑪斯・傑佛遜 Thomas Jefferson
查克・貝里 Chuck Berry
《紐約書評》*New York Review of Books*
喬治・康拉德 György Konrád
布萊頓海灘 Brighton Beach

23

布雷西亞 Brescia
無根的世界主義者 rootless cosmopolitan
極端愛國主義 jingoism
薩謬爾・約翰遜 Samuel Johnson
塞拉耶佛 Sarajrvo
亞力山卓 Alexandria
丹吉爾 Tangiers
薩洛尼卡 Salonica
敖德薩 Odessa
貝魯特 Beirut
伊斯坦堡 Istanbul
切爾諾夫策 Chernovitz
烏日霍羅德 Uzhhorod
愛德華・薩依德 Edward Said

24

東妮・亞未該 Toni Avegeal
莉莉・亞未該 Lili Avegeal
蓓拉・亞未該 Bella Avegeal
受誡禮 barmitzah
茨威格 Stefan Zweig
聖派屈克節 St Patrick's Day
《猶太紀年報》*The Jewish Chronicle*
薄煎餅 latke

25

《脫線家族》*The Brady Bunch*
宣禮塔 minaret
高盛公司 Goldman Sachs
因特拉肯 Interlaken
羅曼什語 Romansch
小馬特洪峰 the Klein Matterhorn
策馬特 Zermatt
《戴比遊達佛斯》*Debbie Does Davos*
杜博尼酒 Dubonnet
克拉芙迪亞・肖夏 Clavdia Chauchat
卡斯托普 Castorp
少女峰鐵路 Jungfraujochbahn
艾格峰 Eiger
布利格 Brig
楚爾 Chur
聖摩利茲 St. Moritz
貝克斯 Bex
安德馬特 Andermatt
跨阿爾卑斯山快車 transalpini
哥達山脈 Gotthard mountains
冰河特快車 Glacier Express
慕仁 Mürren
雪朗峰山系 Schilthorn massif

左岸歷史 385

山屋憶往〔新版〕
一個歷史學家的臨終自述
The
Memory Chalet

作　　者　東尼・賈德（Tony Judt）
譯　　者　區立遠
總 編 輯　黃秀如
責任編輯　蔡竣宇
美術設計　黃暐鵬

出　　版　左岸文化／左岸文化事業有限公司
地　　址　231新北市新店區民權路108-3號8樓
發　　行　遠足文化事業股份有限公司(讀書共和國出版集團)
電話（02）2218-1417　傳真（02）2218-8057
客服專線 0800-221-029
E-Mail　rivegauche2002@gmail.com
左岸臉書　https://www.facebook.com/RiveGauchePublishingHouse/
法律顧問　華洋法律事務所　蘇文生律師
印　　刷　呈靖彩藝有限公司
初版一刷　2015年6月
二版一刷　2024年12月
定價　400元
ISBN　978-626-7462-31-7
978-626-7462-32-4（PDF）
978-626-7462-33-1（ePub）

山屋憶往：一個歷史學家的臨終自述（新版）／
東尼・賈德（Tony Judt）作；區立遠譯.
－二版.－ 新北市：左岸文化，
左岸文化事業有限公司出版：
遠足文化事業股份有限公司發行，2024.12
面；　公分.－（左岸歷史；385）
譯自：The memory chalet
ISBN 978-626-7462-31-7（平裝）
1.CST: 賈德(Judt, Tony, 1948-2010)　2.CST: 回憶錄
784.18　　113018023